介護の大転換が
自治体を
破綻に追い込む

「地域包括ケア」の落とし穴

濱田孝一
Hamada Koichi

花伝社

「地域包括ケア」の落とし穴——介護の大転換が自治体を破綻に追い込む◆目次

序　章　誰にも説明できない地域包括ケアシステム

第1章　未曾有の「後後期高齢社会」がやってくる

第2章　地域包括ケアは二〇四〇年に向けた自治体破綻の一里塚

第3章 高齢者の医療介護費用の大幅削減は二〇二五年から始まる

第4章　地域包括ケアシステムの推進——自治体の存続をかけた戦い

序章

誰にも説明できない地域包括ケアシステム

これからの高齢者介護を語る上でカギとなる言葉が、「地域包括ケアシステム」です。

厚労省は介護だけでなく、医療や介護予防、住まい、老人福祉、低所得者対策を含めた高齢者施策、社会保障施策の大転換だと説明しています。重度要介護・認知症高齢者の増加、介護人材不足、介護離職やヤングケアラーの増加、医療介護費用の増大など、少子高齢化に伴う社会課題が山積する中、国はその対策の柱としてこの言葉を掲げています。テレビや新聞でも取り上げられることが増えており、「初めて聞いた」という人は少ないでしょう。

しかし、本書を手にとっていただいた方を含め、「地域包括ケアシステムとは何か」と改めて問われると、「高齢者介護のことだと思うけど具体的にはよくわからない」という人がほとんどではないでしょうか。実際、新聞の特集記事を読んでも、特養ホームの施設長や介護経営者、福祉系の大学教授などの識者と呼ばれる人と話をしても、「これからは地域・市町村が中心になって……」と政府答弁のような概念的な話ばかりで、実際に何がどのように変化するのか、なぜそれが高齢者施策・社会保障政策の大転換なのか、私たちの生活にどのような影響があるのかを正確に答えられる人は、ほとんどいません。

1　全く進んでいないように見える「地域包括ケアシステム」

厚労省は地域包括ケアシステムについて、次のように説明しています。

「重度な要介護状態になっても、住み慣れた地域で自分らしい暮らしを人生の最後まで続けることができるよう、住まい・医療・介護・予防・生活支援が一体的に提供される地域包括ケアシステムの構築を推進する」

「地域包括ケアシステムは、おおむね三〇分以内に必要なサービスが提供される日常生活圏域（具体的には中学校区）を単位として想定」

「高齢化の進展には、大きな地域差が生じているため、地域包括ケアシステムは保険者である市町村や都道府県が、地域の自主性や主体性に基づき、地域の特性に応じて作り上げていくことが必要」

これと並行するように、その制度名称・介護サービス名称に、「地域」という言葉が多用されるようになりました。

【地域包括支援センター】

地域に暮らす高齢者の介護・医療・福祉・健康に関する総合相談窓口。中学校区域（二万〜三万人程度の人口規模）に一か所程度を目安に設置する。

【地域密着型サービス】

介護が必要な状態になっても住み慣れた地域で暮らせるよう、小規模の特養ホーム（二九床未満）やグループホーム、定期巡回・随時対応型訪問介護看護、小規模多機能居宅介護など、それぞれの地域に密着したサービスを提供するもの。市町村が指定を行う。

- 夜間対応型訪問介護
- 定期巡回・随時対応型訪問介護看護
- 認知症対応型通所介護（一二名以下）
- 認知症対応型共同生活介護（一ユニット五名～九名）
- 小規模多機能型居宅介護（二九名以下）
- 複合型サービス（二九名以下）
- 地域密着型特定施設入居者生活介護（二九床以下）
- 地域密着型介護老人福祉施設入所者生活介護（二九床以下）

【地域支援事業】

被保険者が要介護状態・要支援状態となることを防止するとともに、要介護状態となった場合でも、可能な限り地域で自立した日常生活を営むことができるよう支援することを目的とし

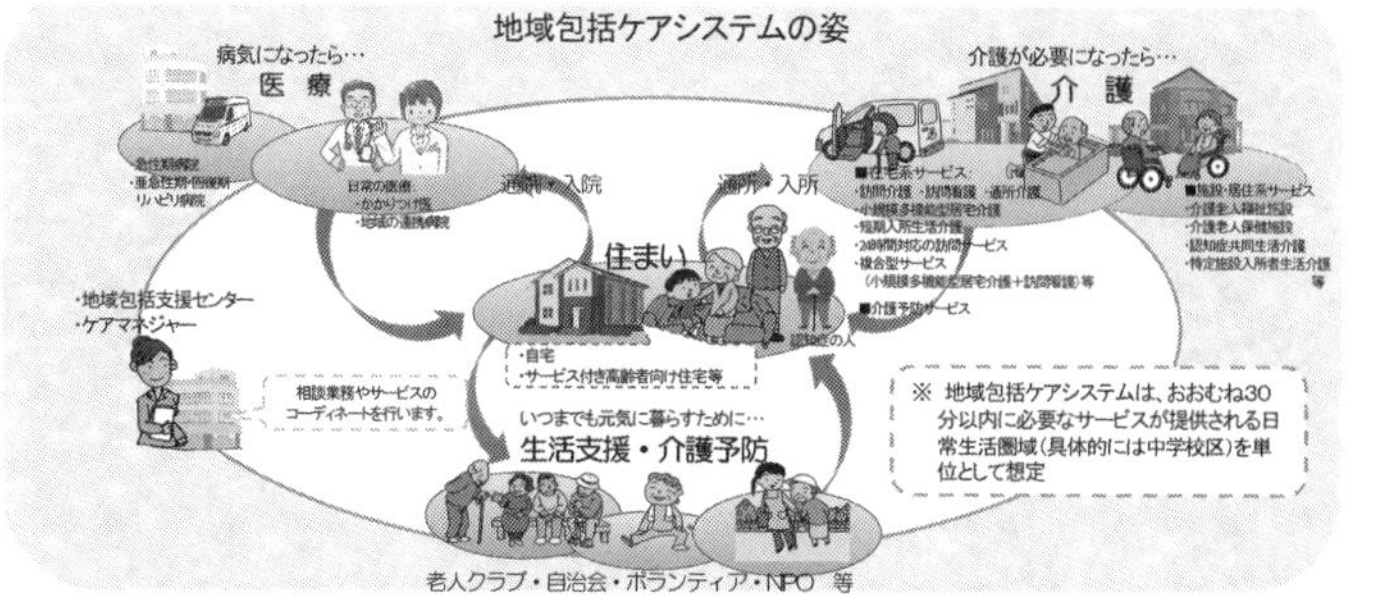

図０−１　地域包括ケアシステムのイメージ図（厚労省資料）

て市町村が行う。

これらの言葉からイメージされる地域包括ケアシステムとは、「認知症や寝たきりになっても、住み慣れた地域で暮らし続けるための、介護・医療・住まい・介護予防が一体となった、中学校区単位で構成されるコンパクトな介護システム」というところでしょうか。厚労省もそれをイメージした図を作成してアピールしています。

「リロケーションダメージ」という言葉の通り、転居を伴う生活環境の変化は大きなストレスを伴います。特に適応力の低下する高齢者はその影響を受けやすく、不安や混乱から認知症の発症リスクも高くなることが知られています。「介護が必要となっても……」というより、歳をとって身体が思うように動かなくなったからこそ、住み慣れた自宅、暮らし慣れた地域で、顔見知りの人たちに囲まれて生活したいと願うのは当然のことです。

この地域包括ケアシステムという言葉が初めて登場したの

は、二〇〇五年の介護保険法改正時です。その二〇年後の、団塊世代が七五歳の後期高齢者に入る二〇二五年を目途として、その構築を図ることとしています。もう二〇二四年ですから、その準備期間、移行期間の最終盤に差し掛かっています。本来であれば、九五％は完成していなければならない時期です。

しかし、その理念通り、小規模の特養ホームや小規模多機能事業所などの「地域密着型サービス」を駆使して、それぞれの地域・地区に密着したコンパクトな介護システムの整備・構築が全国で進んでいるかと言えば、そんな話は聞いたことがありません。恐らく皆さんの暮らしている市町村でもそうでしょう。

その理由は単純です。介護サービス事業は、そのビジネスモデルの性格上、定員の規模が小さく、コンパクトになればなるほど経営効率が下がるため、事業が安定しなくなるからです。

例えば、「六〇床の広域型介護付有料老人ホーム」と、その約半分の「二九床の地域密着型介護付有料老人ホーム」を比較すると、前者の多くは夜勤三人体制ですが、後者でも一人では対応できないため二名必要です。スケールメリットが低下するため、日勤帯のスタッフ数やそれ以外の建築・運営にかかるコストも一・三〜一・五倍になります。また定員数が少なくなれば、入院や退所で空床が生じた場合の減収のインパクトが大きく、収支も不安定になります。

そのため、地域密着型サービスは、広域型の特養ホームや複数の介護サービス事業を展開する非営利の社会福祉法人が派生的に運営する「サテライト型」が基本で、民間事業者が営利事業として単体で運営するのは難しいと言われています。実際、「認知症グループホームを始めたけれど慢性的な赤字なので撤退したい」「小規模多機能事業所を始めたけれど、スタッフのやりくりが難しく、赤字で撤退した」と話す介護経営者は少なくありません。

ただ、これは少しおかしな話です。

経営の基礎となる介護報酬の単価を決めているのは国（厚労省）です。地域包括ケアシステムの目標が、中学校区を単位としたコンパクトな介護システムなのであれば、「広域型の特養ホームを抑制し地域密着型特養ホームの補助金を増やす」「通常の訪問介護・通所介護から小規模多機能事業所への移行を促す」「地域密着型サービスの介護報酬を高くする」など、方法はいくらでもあるはずです。また、「なぜ中学校区単位のコンパクトなケアシステムの構築が進まないのか」「その推進を妨げているものは何か」を分析したり、市町村・都道府県にその課題や進捗状況の報告を求めたりするはずですが、それが行われたことは一度もありません。

「地域包括ケアシステムは理念倒れだ」「二〇二五年になれば地域包括ケアの構築目標は二〇三五年になるだろう」と笑う人がいますが、それ以前に、国は「これからは市町村・地域が中心となって」と声高に叫びながら、そこに掲げた「地域単位のコンパクトな介護システム」を積極的に推進・構築しようとはしていないのです。

なぜ、このようなチグハグなことが起きているのか。

それは、「地域包括ケア」という言葉やイメージだけが先行し、その本当の目的が隠されたままで、本質的な議論が行われていないからです。

2　地域包括ケアシステム、二つのポイント

地域包括ケアシステムとは何か、何が変わるのか。ポイントは二つあります。

一つは、「地域需要・地域ニーズを基礎としたケアシステムの構築」です。

地域包括ケアシステムの対義語は、「全国共通ケアシステム」です。戦後、老人介護は、老人福祉法に基づいて社会福祉法人が行う「老人福祉事業」として全国一律の施設整備が行われてきました。二〇〇〇年に介護保険法がスタートし、老人介護から介護サービスになりましたが、しばらくは、その流れを引き継ぎ、国（厚労省）が「要介護高齢者一〇〇人に対してデイサービス事業〇か所、特養ホーム定員△△名」と施設・サービス整備の目安となる基準（参酌標準）を示し、都道府県や市町村は、その基準に沿って介護サービスや施設整備を行うという方式が続けられていました。

この全国共通ケアシステムは、北海道から沖縄まで、どの都道府県・市町村に住んでいても厚薄・優劣がなく、全国民が同程度の介護サービスを受けられることを目的としたものです。高齢者の介護施策が老人福祉から介護保険制度に代わっても、憲法に基づく国の社会保障政策ですから、これも目標設定の一つの基準として間違っているわけではありません。

しかし、高齢化率や要介護高齢者数が同程度であっても、高齢世帯が集中する旧ニュータウンを抱える都市部と、広範囲に小規模の集落が点在している山間部や農村部の自治体では、直面する介護課題は違います。「車がないと生活できない地域」「坂道や段差の多い地域」もありますし、独居・高齢夫婦世帯の割合が高い、低所得・貧困層が多い、町内会の組織率が高い、社会福祉協議会の活動が活発であるなど、それぞれの地域・集落によって特性があります。そのため、それぞれの地域特有の課題、ニーズにきめ細かく対応するには、画一的な全国一律・共通のケアシステムではなく、「地域包括ケアシステム」への移行が必要だとされたのです。

もう一つは、「個別対策から総合対策」への変化です。

これまで高齢者施策は、医療対策、介護対策、福祉対策、住宅対策、低所得者対策がバラバラに行われてきました。

「高齢者の住まい」を例にあげると、サービス付き高齢者向け住宅（サ高住）は高齢者専用賃貸住宅（高専賃）の流れをくむ国交省管轄の高齢者住宅で、自治体でもその登録や整備推進をするのは住宅部局です。一方の厚労省系の介護保険施設でも、特養ホームは老人福祉課、老健施設や介護医療院は医療保健部局が担当していますし、認知症グループホームや有料老人ホームなどの民間の高齢者住宅の担当者はそれぞれ別にいます。個々の部局、担当者がバラバラに事業計画を推進すると、全体の需要やニーズを見通すことができません。

また、民間の高齢者住宅を整備する場合でも、「有料老人ホームか、サ高住か」だけでなく、自立高齢者を対象とするのか、要介護高齢者を対象とするのか、さらには、提供する介護看護サービスはどうするのか、どの程度の価格設定になるのか、低所得者に対する家賃補助は行うのかなど、介護対策や低所得者対策も同時に検討しなければなりません。

このように縦割り制度、縦割り行政の中でバラバラに推進されてきた高齢者の介護・住まい・介護予防・医療保健・老人福祉・低所得者対策を、一元的・総合的に行うというのが、地域包括ケアシステムの「包括」の意味です。

3　地域包括ケアシステムは、高齢者総合施策の行政機構の変革

ただ、この「全国共通ケアシステムからの脱却」「住まい・医療・介護・予防・生活支援の総合的・包括的推進」というのは、どちらも理念的・概念的なものでしかありません。

ではなぜ、この地域包括ケアシステムは、社会保障政策の大転換なのか。

それは、高齢者施策の計画・推進・運営の責任者が変わるからです。

これまでの「全国共通ケアシステム」では、住まい・医療・介護などの各種サービスの事業計画の基礎を策定するのは国であり、自治体では国から示された指針・基準に沿って老人福祉施設やデイサービス等の整備を行っていました。高齢者施策のプランニング・マネジメントの責任者は国であり、国は全国共通ケアシステムが維持されるよう、介護資源（財政・人材）の

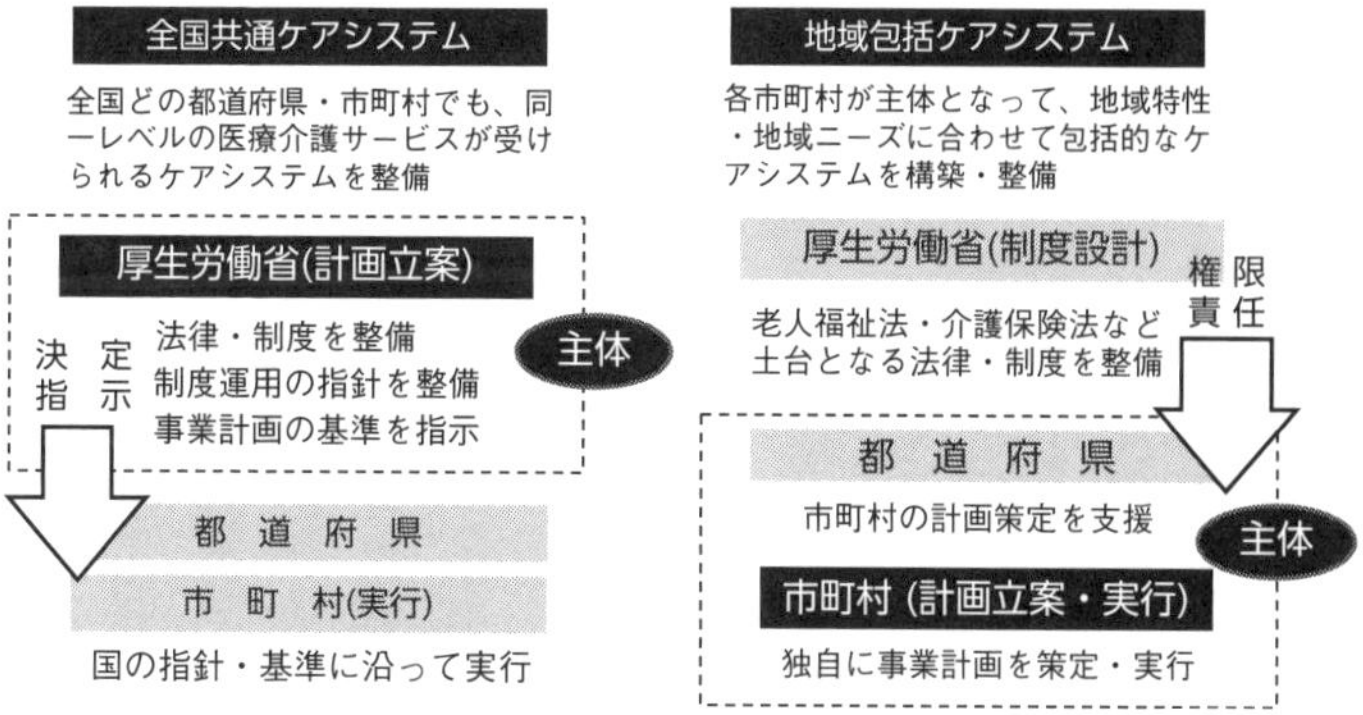
全国共通ケアシステム
全国どの都道府県・市町村でも、同一レベルの医療介護サービスが受けられるケアシステムを整備
厚生労働省(計画立案)
決定
指示
法律・制度を整備
制度運用の指針を整備
事業計画の基準を指示
主体
都道府県
市町村(実行)
国の指針・基準に沿って実行
地域包括ケアシステム
各市町村が主体となって、地域特性・地域ニーズに合わせて包括的なケアシステムを構築・整備
厚生労働省(制度設計)
権限
責任
老人福祉法・介護保険法など土台となる法律・制度を整備
都道府県
市町村の計画策定を支援
主体
市町村(計画立案・実行)
独自に事業計画を策定・実行

図0－2　全国共通ケアシステムから地域包括ケアシステムへ（機構変化）

乏しい自治体を支援する必要がありました。

これに対し地域包括ケアシステムは、「保険者である市町村や都道府県が地域の自主性や主体性に基づき、地域の特性に応じて作り上げて行くことが必要」とされています。

これを確実なものとするため、二〇一三年の介護保険法改正で、「地域包括ケアシステムの推進の責任者は自治体」という文言が、わざわざ追加されています。それに伴って、「在宅医療・介護の連携」「生活支援・介護予防サービスの充実」の実施は市町村の責任となり、「居宅介護支援事業所」「地域密着型サービス」の指定権限が市町村に移譲されるなど、これまで国や都道府県が行っていた業務の一部は、次々と市町村の責任・権限へと移行しています。

つまり、地域包括ケアシステムというのは、「中学校区単位で介護・医療・住まい・介護予防が一体となったコンパクトな介護システム」を国の号令一下、北海道から沖縄まで、全国の市町村に、一律に整備するという政策ではないのです。それは「こんなのできたらいいね」という一つのイメージでしかありません。その本質は、それぞれの地域でどのような高齢者施策、ケアシステムが必要になるのかを検討し、介護財源・介護人材の確保を含め、プランニング・マネジメントする責任が全面的に自治体（市町村・都道府県）に移るという行政機構の変革なのです。

わかりやすい言葉でいえば、年金を除く、高齢者総合政策の「地方分権」です。それが本格始動するのが二〇二五年なのです。

4　なぜ国は高齢者総合施策の地方分権を推し進めるのか

「高齢者対策は、それぞれの地域の特性・課題、需要・ニーズに沿って推進すべき」

「高齢者対策は個別対策ではなく、介護・医療・住まい・介護予防・福祉・低所得者対策など一体的・包括的な対策が必要」

「地域需要・地域ニーズに密着した効率的・効果的な高齢者総合対策を行うには、国ではなく市町村が中心になって推進するのが望ましい」

そう言われると、その通りだと思うでしょう。高齢者施策にかかわらず、住民の暮らしに密着した行政サービスは、基礎自治体が中心となって、その地域性、地域ニーズ、地域課題に沿って計画、実施した方がきめ細やかな対応が可能です。

しかし、ここで一つの疑問が生じます。

日本の行政機構は、それぞれの州政府に強い権限があるアメリカなどと違い、法律制定を含む政策決定権の多くが国に集中している中央集権型です。社会福祉法人や特養ホームの新規開設の認可・指定権者は都道府県知事ですが、その整備には国の補助金が必要となるため、実質的な許認可権は国が握っています。いまも、市長や市議会議員、県会議員が連なって、地元選出の国会議員の案内で厚労省に陳情に出向くということが行われています。

そのため地方分権や自治体の権限強化は、都道府県や市町村が求め、国はそれぞれの省庁の独占的な利権や権益を守りたいので反対するというのが基本です。

実は、この地域包括ケアシステムの考え方は、「国と地方自治体」「市と特別区」という違いはあるものの、関西世論を二分した大阪都構想によく似ています。「大阪市内を四つの特別区に再編し、その機能を強化して、地域課題への対応はそれぞれの特別区で独立して行う」という構想に対し、批判的な大手新聞社や一部政党と結託し、住民投票の直前まで頑強に反対したのは、権益を守りたい大阪市の公務員でした。

この地域包括ケアシステムは、メリットだけではありません。これまでの「全国共通ケアシステム」は、全国どの都道府県・市町村に住んでいても、全国民が同程度の費用で、同程度の高齢者サービスを受けられることを目的としたものです。これを「地域包括ケアシステム」に

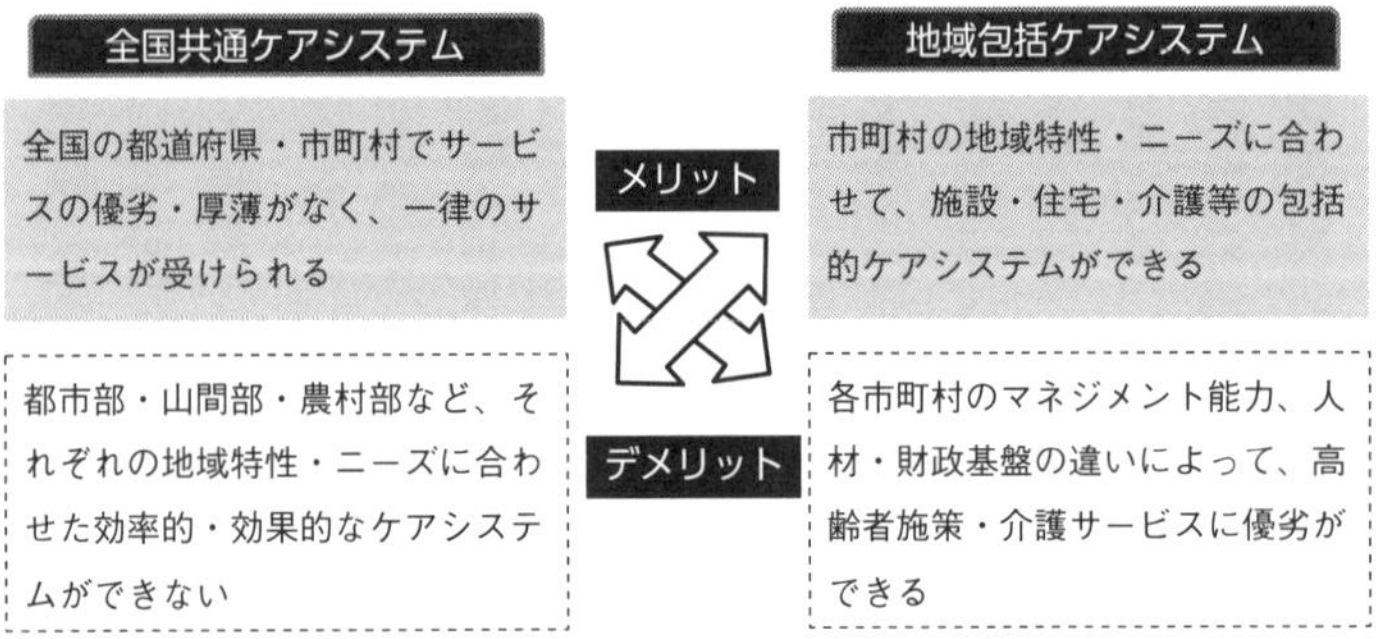
全国共通ケアシステム
全国の都道府県・市町村でサービスの優劣・厚薄がなく、一律のサービスが受けられる
都市部・山間部・農村部など、それぞれの地域特性・ニーズに合わせた効率的・効果的なケアシステムができない
メリット
デメリット
地域包括ケアシステム
市町村の地域特性・ニーズに合わせて、施設・住宅・介護等の包括的ケアシステムができる
各市町村のマネジメント能力、人材・財政基盤の違いによって、高齢者施策・介護サービスに優劣ができる

図0−3　地域包括ケアシステムのメリット・デメリット

移行すると、地域特性・地域ニーズに沿った市町村独自の対策をとることはできますが、住んでいる市町村によって、受けられる高齢者サービスの質や内容、費用に差が生まれるということです。

これは、賛成派・反対派に分かれて、口角泡を飛ばして大阪都構想で議論されたメリット・デメリットと同じです。それどころか高齢者サービス、特に医療介護対策は、高齢者の生活・生命に直結するものであり、かつ、人口一〇〇万人以上の政令指定都市から一万人規模の市町村まで、それぞれの自治体の財政力やマネジメント力には大きな差があるため、大阪都構想とは比較にならないほど、高齢者やその家族、住民が受けるデメリット・リスクは、複雑で大きいのです。

しかし、この「地域包括ケアシステム」では、社会保障施策、高齢者施策の根幹に関わる大転換であるにもかかわらず、メリットばかりが強調され、国会においても、そのデメリットやリスクについて最低限の議論さえ行われていません。それどころかこの「地域包括ケアシステム」という地方分権を考案し、「これからの高齢者施策は地域・自治体が中心となって……」と、その先頭に立って懸命に旗を振っているのは、これまでそのすべての権限・権益を一手に握っていた厚労省です。

何かおかしい、どこか変だと思うでしょう。

それは、これまで国が行ってきた「全国共通ケアシステム」が、すでに破綻しているからです。言い換えれば、介護、医療、住まい、介護予防、低所得者対策など、現行の高齢者施策を維持することは、人的にも財政的にも一〇〇％不可能だからです。

つまり、縦割り行政・縦割り制度の中で大混乱し、破綻状態にある医療介護を含めた高齢者施策の責任を、これからは地方自治体、特に基礎自治体にある市町村（とその住民）が負うというのが、この「地域包括ケアシステム」の本質なのです。

第1章

未曾有の「後後期高齢社会」がやってくる

地域包括ケアシステムへ移行の背景にあるのが、急速に進む「少子後後期高齢化」です。

これから日本は、世界の歴史上、他のどの国も経験したことのない人口動態に突入します。それは要介護発生率、特に重度要介護発生率、認知症発症率が顕著に高くなる八五歳以上の後期高齢者人口の激増です。その数は一〇〇〇万人超と、総人口の一割に達します。その中心とされるのが戦後の一九四七年～一九四九年に生まれた「団塊の世代」です。この三年間に生まれた人口は八〇〇万人とされ、他の世代と比較しても突出して多くなっています。「地域包括ケアシステムは二〇二五年をめどに構築する」と定められているのは、団塊の世代が七五歳の後期高齢者に突入する年だからです。

この高齢化に関わる諸問題は、簡単に言えば「支えられる側の高齢者」と「支える側の勤労者」のアンバランスが拡大する中で、「社会保障」と「経済」のバランスをどのように取っていくのか、という話に尽きます。

しかし、それはそう簡単な話ではありません。

1　二〇三五年、団塊の世代が後後期高齢者になる

高齢者問題の指標として使われるのが、総人口に占める六五歳以上の高齢者人口の割合を示す「高齢化率」です。日本の高齢化率が七％を超えて、世界保健機関（ＷＨＯ）の示す「高齢

前期高齢者

65～74歳

まだまだ元気で働ける
要介護になる割合は低い

要支援	1.37%
要介護1・2	1.55%
要介護3～5	1.33%
合　計	4.25%

壮年後期
(働いている人も多い)

前後期高齢者

75～84歳

身体機能が少しずつ低下
できないことが増えてくる

要支援	6.72%
要介護1・2	7.29%
要介護3～5	5.65%
合　計	19.66%

後後期高齢者

85歳～

身体機能・認知機能急低下
重度要介護になる人が急増

要支援	13.25%
要介護1・2	22.26%
要介護3～5	23.49%
合　計	59.00%

高齢者（お年寄り）のイメージ

介護問題に直面

介護給付費等実態統計より作成

図表1－1　年齢別　高齢者の要介護・重度要介護発生率

化社会」になったのが一九七〇年です。その二四年後の一九九四年には一四％を超えて高齢社会に、二〇〇七年には二一％を超えて「超高齢社会」と呼ばれるようになりました。この七％増という基準を一つの目安とすると、二〇一八年には超高齢社会の次の二八％を突破しており、二〇四一年には三五・三％と、さらにその次の段階に進むことになります。

「これから日本では高齢者が増えていく」と漠然と理解している人が多いのですが、その実態を把握するには、これを「社会保障」と「経済」という視点から、もう少し詳細に分析する必要があります。

ＷＨＯが高齢者の定義を六五歳以上としているのは、世界標準でみると、「家族や社会を支える側」から「支えられる側」に移行する一つの目安の年齢だからです。ただ、そういう意味では、現代の日本で六五歳は高齢者ではありません。

内閣府の『高齢社会白書（令和五年版）』によると、

六五～六九歳では二人に一人、七〇～七四歳でも三人に一人が働いており、二〇一〇年と比較すると、それぞれ一〇％以上増えています。六五～七四歳の前期高齢者で、生活上、何らかの支援や介助を必要とする人は四・二五％と二〇人に一人未満、要介護3以上の重度要介護になる人は七五人に一人程度でしかありません。早期退職や年金の受給開始年齢の引き下げなどで「働かなければ食べていけない」という切実な理由があるにしても、まだまだ社会を支える側にいてもらわなければならない、「壮年後期」ともいうべき年代です。

現代の日本で、高齢者、お年寄りのイメージは七五歳以上の後期高齢者からです。

人間は加齢によって身体機能・認知機能が低下していくことは避けられません。判断力や集中力が低下すると自動車運転の事故リスクは高くなり、筋力や骨密度の低下によって転倒骨折や誤嚥窒息などの生活上の事故も増えていきます。「八五歳でアパレルショップ店員」というニュースに元気をもらいますが、実際は七五歳を超えても働いている人は一割程度と、一〇年前とほとんど変わっていません。

ただ、後期高齢者でも七五～八四歳までの前後期高齢者の場合、生活上の支援や介助が必要になる人は二割程度、寝たきりなど要介護3以上の重度要介護になる人も五％程度です。「介護」という側面から見ると、支える側と支えられる側の中間にある年代だと言ってよいでしょう。

しかし、これが八五歳を超えると、要支援要介護発生率は六割に、重度要介護になる人も四

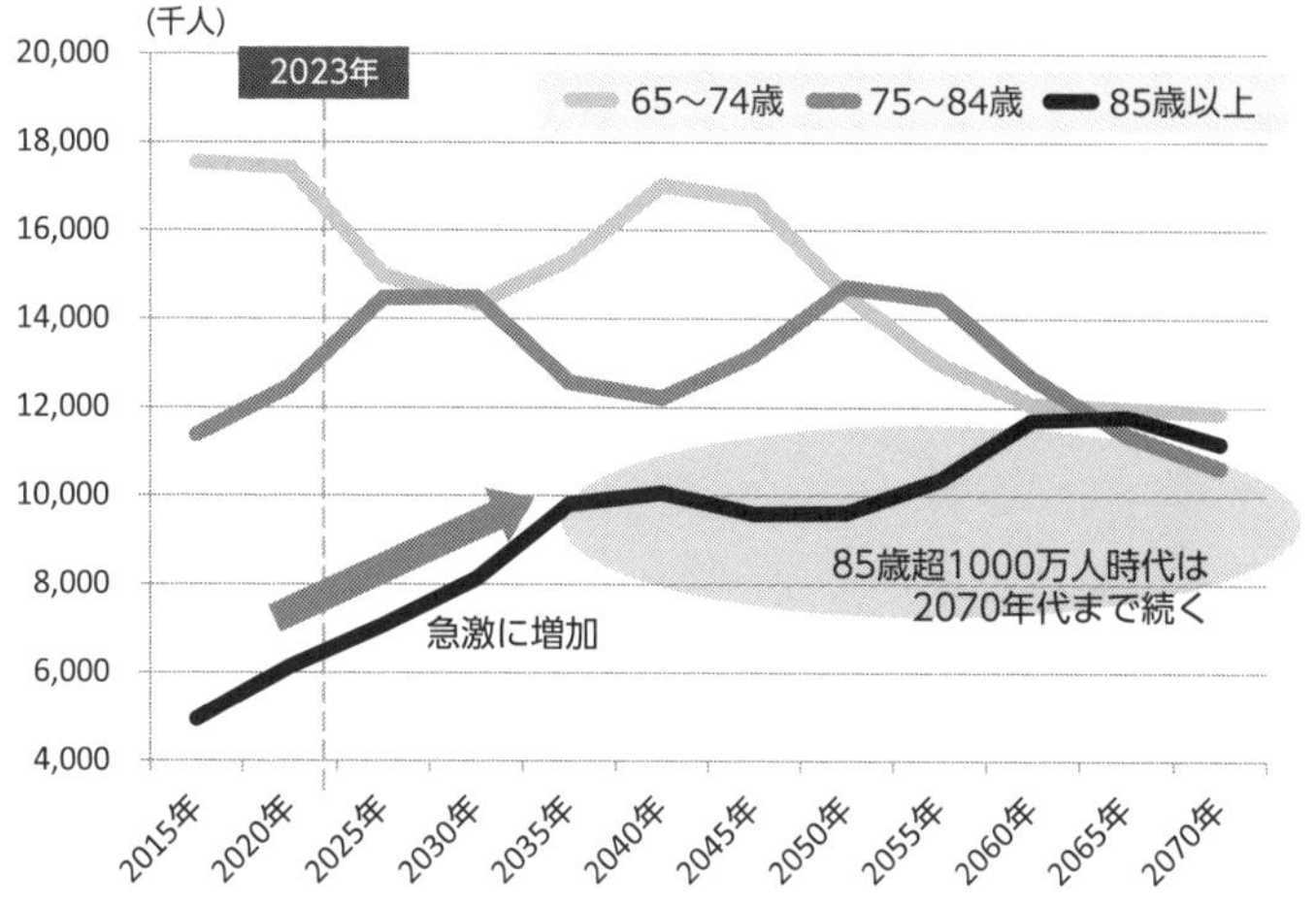

国立社会保障・人口問題研究所「将来推計人口（令和５年）」より作成

図表１－２　年代別　高齢者人口の将来推計

人に一人とその割合は一気に跳ね上がります。それは、骨折や脳梗塞などの怪我や病気ではなく、身体機能・認知機能の加齢低下によって、要介護、重度要介護になるからです。認知症の有症率も八〇～八四歳までは二二・四％ですが、八五～九〇歳では四四・三％と二倍になります（令和元年厚労省資料「認知症施策の総合的な推進について」より）。

これからの日本では、この三分類した各年代の高齢者が、平均的に増えていくわけではありません。前期高齢者と前後期高齢者を合わせた六五～八四歳までの人口は、二〇二〇年の二九九〇万人がピークで、それぞれ蛇行しながらなだらかに減少していきます。

これに対して、八五歳以上の後後期高

齢者人口は、介護保険がスタートした二〇〇〇年には二二〇万人程度だったものが、二〇二〇年には六〇〇万人を突破、そのまま五年ごとに一〇〇万人のスピードで直線的に増加を続け、二〇三五年には九八〇万人となり、二〇四〇年には一〇〇〇万人を突破します。

その中核になるのが団塊の世代です。いま「二〇二五年問題」と団塊世代が七五歳になる二〇二五年をターゲットにした報道が増えていますが、医療介護問題の本丸は、団塊世代八〇〇万人の六割が要介護、その四人に一人が重度要介護になる二〇三五年なのです。

ただ、これは「団塊世代の山を越えれば、後後期高齢者人口が減少に転じる」という話ではありません。団塊世代だけの問題だとすれば、人生一〇〇年時代としても、遅くとも二〇五〇年にはピークアウトするはずですが、そのまま二〇八〇年代まで九五〇万人から一一八〇万人という高い水準で高止まりを続けます（ピークは二〇六五年の一一七九万人）。つまり、いま五〇代に差し掛かった団塊ジュニアだけでなく、三〇歳の人が八五歳になった時も、後後期高齢者一〇〇〇万人時代は、まだ続いているのです。

高齢化社会、高齢社会、超高齢社会、超々高齢社会……その次は何と呼称しようかという話がありますが、これから日本が直面するのは、人類史上、他国にも類例のないこの未曾有の「後後期高齢社会」なのです。

2 激減する勤労世代・絶対的不足に陥る介護人材

もう一つ、日本は人口構造上、大きな課題を抱えています。それは、急速に進む少子化です。令和四年（令和五年六月二日発表）の「人口動態統計（概要）」によると、出生数は七年連続で減少、過去最少だった前年度をさらに四万人下回り、七七万人と初めて八〇万人を割り込みました。一人の女性が生涯で出産する子供の数を示す合計特殊出生率も一・二六と過去最低を更新しています。

「人口減少が悪いことではない」「人口が少なくても豊かな国はたくさんある」と言う人がいますが、問題は総人口の増減ではなく、「支える側」と「支えられる側」、労働力の中核となる勤労世代の人口と後後期高齢者人口とのアンバランスが一気に拡大していくことです。

二〇二〇年、八五歳以上の後後期高齢者人口は六一三万人でしたが、二〇四〇年には一〇〇六万人、二〇六〇年には一一七〇万人と一・八六倍に増えていきます。

一方で、それを支える二〇歳から六四歳までの人口は二〇二〇年の六九三八万人から、二〇四〇年には五八〇八万人へと八四%に、二〇六〇年には四七二六万人と、三分の二に減少していきます。これを比率でみると、二〇二〇年には後後期高齢者一人あたり一一・三人の二〇～六四歳人口で支えていたものが、二〇四〇年にはその半分の五・七七人に、二〇六〇年には

	2020年	2040年	2060年	2070年
20～64歳人口	6,938万人	5,808万人	4,726万人	4,234万人
高齢者人口	3,602万人	3,928万人	3,643万人	3,367万人
後後期高齢者人口	**613万人**	**1,006万人**	**1,170万人**	**1,117万人**
高齢人口比	1.93人	1.48人	1.30人	1.26人
後後期高齢人口比	**11.31人**	**5.77人**	**4.03人**	**3.79人**

国立社会保障・人口問題研究所「将来推計人口」（令和５年）より作成

図表1－3　後後期高齢者人口と20～64歳人口の対比

四・〇三人とおよそ三分の一になるのです。

介護需要の増加にさらに拍車をかけるのが、「後後期高齢世帯」の増加です。

高度経済成長とともに進展した核家族化によって、団塊世代の高齢者が暮らしている住宅のほとんどは二世帯が暮らす仕様にはなっていません。国立社会保障・人口問題研究所の「日本の世帯数の将来推計（平成三〇年）」によると、二〇二〇年、八五歳以上の「独居世帯」は一二四万九〇〇〇世帯、夫婦のみの世帯が六三万五〇〇〇世帯。これが二〇四〇年になると独居世帯は一・六倍の二〇三万八〇〇〇世帯に、夫婦のみの世帯は一一三万五〇〇〇世帯へと約一・八倍に膨れ上がります。後後期高齢者だけの世帯が全体の七割に、「後後期高齢者＋未婚の子」という世帯を含めると八七％に上ります。

「子供世帯との遠距離化」も進んでいます。

一九七〇年以降は東京への一極集中が強まり、東京圏だけで日本の人口の三割に上ります。

また、親の介護に直面する子供世代は四〇代後半～五〇代で、

	総数	単独世帯	（後期高齢）核家族		
			夫婦のみ	夫婦と子	ひとり親と子
2020年	2,749千世帯	1,249千世帯 (45.4%)	635千世帯 (23.1%)	182千世帯 (6.6%)	342千世帯 (12.4%)
2025年	3,223千世帯	1,444千世帯 (44.8%)	761千世帯 (23.6%)	219千世帯 (6.8%)	396千世帯 (12.3%)
2030年	3,743千世帯	1,660千世帯 (44.3%)	898千世帯 (24.0%)	258千世帯 (6.9%)	455千世帯 (12.2%)
2035年	4,560千世帯	1,993千世帯 (43.7%)	1,119千世帯 (24.5%)	322千世帯 (7.1%)	548千世帯 (12.0%)
2040年	4,648千世帯	2,038千世帯 (43.9%)	1,135千世帯 (24.4%)	326千世帯 (7.0%)	560千世帯 (12.0%)

国立社会保障・人口問題研究所 「日本の世帯数の将来推計 平成30年推計」

図表1－4 世帯主85歳以上の世帯の家族累計別世帯の将来推計

サラリーマンであれば、役職や責任が重くなる一番忙しい年代です。「親は関西、長男は関東、長女は夫の転勤で九州に」「その長男の妻の両親は東北に、長女の夫の親は四国で独り暮らし」というケースも珍しくありません。

さらに、晩婚化、晩産化の流れもあり、その子供（孫世代）はまだ小学生、中学生で、子育てと介護のダブルケアも発生しています。また、二〇二〇年の生涯未婚率（五〇歳時の未婚率）は、男性で二五％、女性で一六％を超えており、四〇代・五〇代の非正規雇用の割合も増えています。自分の生活だけで手一杯、とても親を介護できる環境にはありません。

いまの「老老介護」は、どちらも六五歳以上の高齢夫婦世帯の介護を言いますが、二〇二五年には七五歳以上の「超老老介護」に、二〇三五年には夫婦共に後後期高齢者で、「寝たきりの夫と重度認知症の妻」といった、「重認世帯」「重々世帯」「認認世帯」が当たり前の社会になるということです。

「家族介護は限界。介護はプロに任せよう」というのが時代の流れですが、それを担う介護人材は今でも不足しています。一部地域では、週三回の訪問介護の利用希望者がいても、週に一度しか行けない、通院介助にはケアマネジャーが報酬なしで付き添わざるを得ないという状態に陥っており、介護現場の過重労働や無料奉仕に支えられているのが現実です。

介護や看護、保育はロボットやAIによる代替が難しい、労働集約的でかつ専門的な仕事です。特に、これから増えていく重度要介護や認知症介護は、日々体調が変化することや予想外の行動が増えるため、見守り、声掛けを含め、たくさんの介護人材が必要となります。

いま五〇代の団塊ジュニアや三〇代の団塊孫世代が八五歳になったときにも、「後後期高齢者一〇〇〇万人時代」は続いていると述べましたが、実際には二〇五〇年、二〇六〇年、二〇七〇年と年を追うごとに医療介護を取り巻く環境はより厳しくなっていくのです。それは、この令和の時代に生まれたばかりの子供が五〇歳、五五歳になって、八五歳の要介護の親を抱える負担は、いまとは比較にならないほど重くなっているということです。

3　激増する後後期高齢者の社会保障費をだれが負担するのか

このアンバランスの拡大で不足するのは、介護人材だけではありません。

後後期高齢者になると、どれだけ介護や医療の需要が増えるのかを、現行制度のもとで金銭

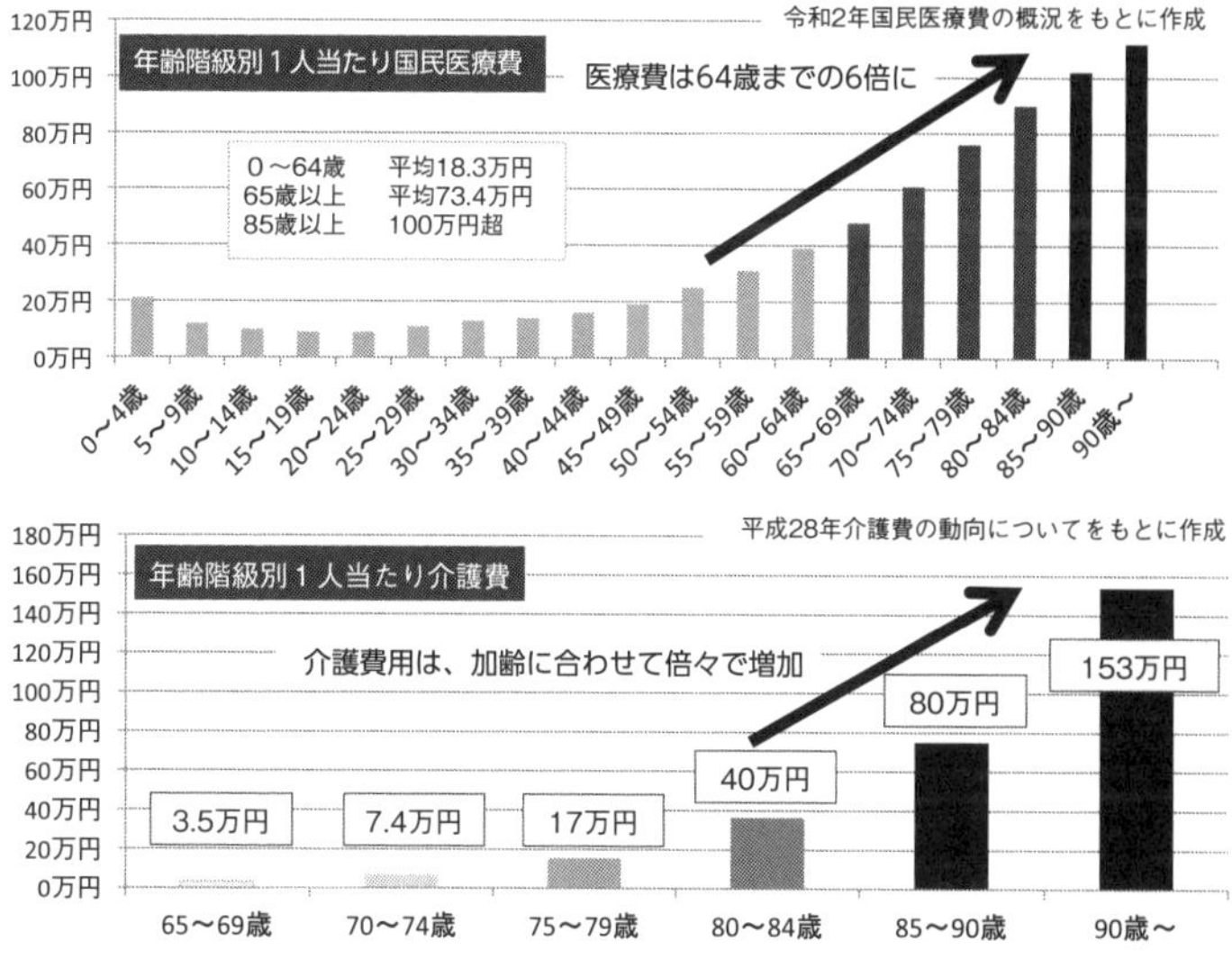

図表1－5　年齢階級別　１人当たり国民医療費・介護費

に換算したものが図表1-5です。

六五～六九歳までの高齢者一人当たりの介護費用は年間三・五万円程度、七〇～七四歳でも七・四万円程度です。これが八〇歳を超えると四〇万円に、八五歳を超えると八〇万円、九〇歳を超えると一五三万円へと倍々に増えていくことがわかります。それは、二四時間三六五日、継続的な介助が必要となる重度要介護高齢者の割合が増加するからです。

医療も同じです。年齢階級別の国民医療費を見ると、〇歳から六四歳までの一人当たりの医療費の平均は年間一八・三万円ですが、六五歳を超えると七三・四万円と四倍に、八五歳を超えると一〇〇万円超と六倍になります。

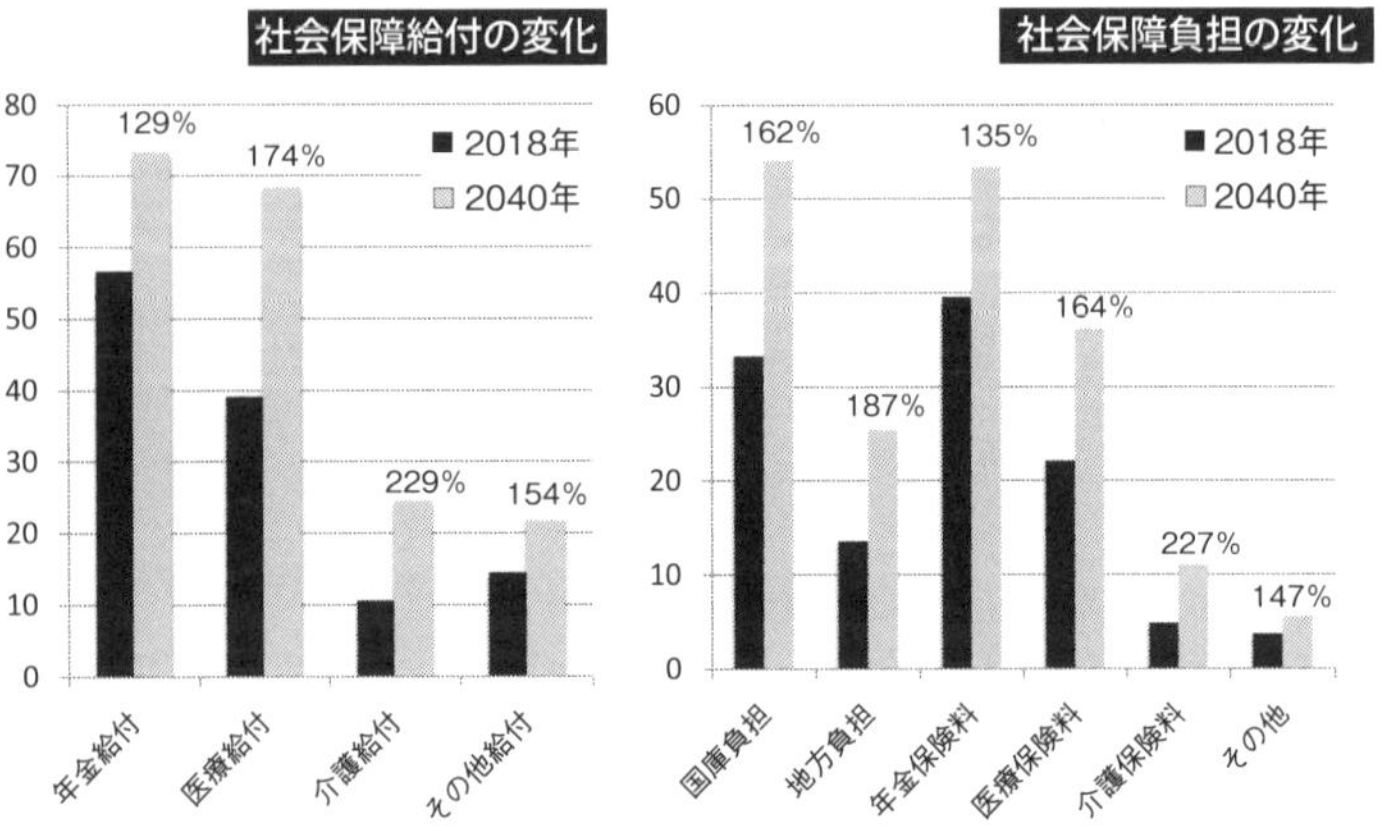

「2040年を見据えた社会保障の見通し」 より作成

図1－6　2040年の社会保障の給付と負担

それは、若年層の医療は怪我や病気になったときにだけ、一時的に必要となるものですが、高血圧や糖尿病などの生活習慣病が増える高齢者にとっては、生活・生命を維持するために日常的に必要なものとなるからです。

八五歳以上の後後期高齢者の増加で、その総額はどの程度になるのか。

二〇一八年に内閣府・財務省・厚労省が共同で、「二〇四〇年を見据えた社会保障の見通し」という財政シミュレーションを公表しています。それによると、二〇一八年度の社会保障費は一二一兆円規模だったものが、二〇四〇年には一・五倍の一八八兆円規模になると試算しています。特に医療給付は一七四％、介護給付は二二九％へと一気に膨れ上がります。

それは増税や保険料の上昇に直結します。

国の負担は、三三・三兆円から五四・一兆円へと二〇兆円増。これはおおよそ消費税一〇%分にあたります。「社会保障費の増加を賄うには消費税を二〇%にしなければならない」というのはその通りです。ただ、これは国庫負担の増加分だけです。都道府県や市町村の負担は八七%増ですから、それに比例して住民税や固定資産税も上がります。自治体によって変わりますが、人口（住民）が減少していくことを考えると、今の二〜三倍になるでしょう。

これら税金とは別に、保険料も値上げになります。

介護保険制度が始まった二〇〇〇年は、第一号被保険者（六五歳以上）の介護保険料の全国平均は二九一一円でしたが、二〇二三年度には六〇一二円と二倍を超えています。第二号被保険者（四〇〜六四歳）の保険料の平均は六二一六円（労使折半）と、こちらは介護保険スタート時の二〇七五円の三倍と、どちらも過去最高を更新しています。このまま推移すれば、二〇四〇年には第一号被保険者は一万円に、第二号被保険者は今の八割の人間で負担しなければならないため、平均一万五〇〇〇円を超えるでしょう。健康保険料も同じくらい上がります。

つまり、現行の医療介護制度のままだと仮定すると、二〇四〇年には、消費税は二〇%に、住民税や固定資産税は二〜三倍に、介護保険料・健康保険料も高齢者は今の一・五倍〜二倍に、現役世代は二倍以上になるということです。

4　社会保障費の負担を増やすと経済は疲弊する

社会保障の未来について、若者がよく口にするのが「私たちが年を取ったときに、年金はもらえるのか」という疑問です。年金は五六・七兆円から七三・二兆円へと一六兆円給付額が増え、保険料負担は三九・五兆円から五三・四兆円へと一四兆円増となります。少子高齢化によって負担者・受給者のアンバランスは拡大していきますから、段階的に保険料の値上げ、受給開始年齢の見直し、また今後は高額年金受給者に対する上限設定なども検討課題にあがるでしょう。

ただ、年金保険は長期保険です。受給額が大きく変化しないよう年金積立金を活用しながら、一〇〜一五年と長期的に組み合わせて運用変更が行われるため、「年金が破綻し、将来もらえなくなる」ということはありません。

しかし、医療保険（健康保険）や介護保険は短期保険です。医療給付は三九・二兆円から六八・三兆円へ、介護給付は一〇・七兆円から二四・六兆円へと、合わせて四九・九兆円から九二・九兆円へと増えることになります。その保険料の見直しは三年に一度行われ、給付額の増加はダイレクトに、税金や保険料などの国民負担として圧し掛かってきます。二〇二三年度の国会では三・五兆円の防衛増税に対する是非が話題になっていましたが、このまま推移すれば二〇四〇年には、医療と介護費用だけで、税と保険料合わせて、いまの約二倍の年間四三兆円の追加負担が必要になるのです。

これは、誰が考えても、どう考えても不可能な数字です。

いまの経済状況で消費税を二倍の二〇％にすれば、確実にデフレスパイラルの時代に逆戻りします。それは住民税、介護や医療の社会保険料の値上げも同じです。経済が低迷し、非正規雇用が増加、賃金が上がらない中で可処分所得が減れば、国内の個人消費は大打撃を受けます。年金収入に限られる高齢者は、「保険料を支払えない」「固定資産税が払えない」「これ以上生活を切り詰められない」と、税金や保険料を滞納する人が激増します。

これは企業も同じです。

日本では、全企業数の九九・九％は中小企業で、そこで働く従業者数は全体の七割に上ります。中でも従業員が二〇人以下という小規模企業が全体の八七％を占め、そこで働く従業者は一〇〇〇万人に上ります。また企業は消費税・法人税・事業税だけでなく、従業員の年金・介護・医療などの保険料の半額を負担していますから、保険料が上がれば法定福利費に直結、人件費の総額は跳ね上がります。その負担に耐えられなければ経営破綻や廃業、もしくはリストラによって、失業率や非正規雇用者が増加、景気減速に拍車がかかります。

「法人税を上げて儲かっている大企業からたくさん税金を取ればよい」「内部留保に課税しろ」という声もありますが、内部留保というのは、金庫の中に眠っているわけではありません。

長期計画的に新工場の建設や研究開発などへ投資ができなくなりますから、海外企業との競争に負け先細りになっていきます。そもそも、企業には国籍がありませんから、儲かっている企業は法人税の安い国へと本社を移転させ、逃げ出すことのできない中小企業やその従業員だけが、より重い負担を背負うことになります。

二〇二二年、国民負担率は四七・五％（税負担二八・六％、社会保険負担一八・八％）と五公五民に近づいています。単純計算はできませんが、社会保障給付が一二二兆円から一八〇兆円へと一・五倍となり、支える側の人口は二〇四〇年には八割、二〇六〇年には六六％に減少することを考えると、現役世代の負担率は六〇〜七〇％になります。高収入の人はどんどん海外へと逃げ出すでしょうから、月収三〇万円サラリーマンの手取りは一三万円程度、消費税が上がれば生活できません。

また、増税や保険料の値上げをしても、計算通りの税収、保険料収入につながるわけではありません。一気にデフレとなって経済悪化、未婚率や少子化はさらに進み、長期にわたって税収も保険料収入も落ち込むことになります。もう日本では、税率や保険料率を上げても、それを跳ね返すだけの経済成長率は見込めないため、税収や保険料収入の増加にはつながらないのです。

頼みの綱は借金、赤字国債発行でしょうか。

「赤字国債は政府の借金で国民の借金ではない」

「日本のバランスシートは負債よりも資産が多い」

そう叫ぶ人が増えています。もちろん、定義上は間違いではありません。二〇二三年五月現在、いわゆる国の借金（国債、借入金、政府短期債券等）は一二七〇兆円とされていますが、この程度であれば塩漬けにしておくことは可能でしょう。

ただ、国債は災害復興などの一時的な資金、経済活性化のカンフル剤、先端開発への支援策としては有効でも、経常の運転資金である社会保障費、特に五〇年、六〇年に渡って増加していく一方の医療介護費用を、毎年六〇兆円、七〇兆円という税収と同額の赤字国債の増刷で賄うことなどできるはずがありません。

税金や社会保険料を上げても経済が疲弊する。赤字国債も増加し続ける社会保障費の穴埋めに使うことはできない。そう考えると、社会保障費、特に高齢者の医療介護費用を徹底的に抑制していくしか方法はないのです。

5　介護サービスを抑制すると経済は破綻する

ただこれは、「医療介護サービスを減らせばよい」という話ではありません。

特に高齢者介護は、子育て家族の保育と同じように、要介護の親を抱える家族の支援という側面もあります。

「小学生と中学生の子育て中に、田舎の母親が認知症で介護が必要になった」
「九州で独り暮らしをしている父親が、夜中に徘徊していると警察から電話」
「秋田にいる夫の父親が脳梗塞で倒れ、命はとりとめたが半身まひで重度要介護に」
「四国にいる妻の父が寝たきり、北海道にいる自分の父は認知症」
「寝たきりの父の介護を老齢の母がしていたが、母も認知症を発症」

親の介護は、出産とは違い事前に予定や準備することが難しく、ある日突然、重なり合うように二人、三人と複数同時に起こります。また、子供の成長とは逆に、要介護状態や認知症はどんどん重くなっていきますし、その要介護期間は五年、一〇年、一五年と長期にわたることもあり、いつまで続くのか先が見えません。

重度要介護になれば、移動や排泄などすべての生活行動ができなくなりますし、認知症が重くなれば異常行動や徘徊などで、二四時間三六五日の見守りや介助が必要となります。同居、近居、遠居に関わらず、子供家族が仕事をしながら介護を続けることは不可能です。

その中で介護サービスを抑制すれば、確実に増加するのが子供世代の介護離職です。必要な介護サービスが利用できなければ、子供が仕事を辞めて、実家に帰って介護に専念するしかないからです。

就業構造基本調査（二〇二二年度）によると、介護を理由に仕事を辞めた介護離職者は年間一〇万六〇〇〇人。この五年は年間一〇万人程度で推移しています。大した数字ではないと思うかもしれませんが、これは「親の介護が原因で仕事をしていない人が全国で一〇万人」という意味ではありません。年間一〇万人でも、それは五年、一〇年と積み重なっていきます。

また、この数字にはパートや派遣労働などの非正規雇用の介護離職者は反映できていませんし、親の介護を理由に常勤で働けないという人も含まれていません。今でも、介護が原因で仕事をしていない、常勤で働けないという人は、一〇〇万人に上ると考えられています。

最近、ビジネスケアラーという言葉を聞きますが、総務省の調査では、介護をしながら働く人は三六四万人、五〇代が四二%、四〇代も一六%を占めています。ただそれは主たる介護者だけで、東レ研究所の調査によれば、企業の隠れ介護者はサラリーマンのうち四人に一人、一三〇〇万人にのぼるという試算もあり、その三人に一人は親の要介護状態が、今より重くなれば仕事を続けられなくなるだろうと答えています。

「育ててくれた大切な親だから、自分で介護したい」と考えるのは自然なことで、幸せなことです。また「親の介護のために仕事を辞めて実家に帰ってきた」というと、近隣や親族からは「優しい親孝行な息子・娘だ」と称賛されるでしょう。

しかし、現実はそんな「めでたし、めでたし」の幸せな話ばかりではありません。

「介護離職で自分の将来が見通せず、うつ病やアルコール依存症に」
「介護のために自分の体調変化に気付かず、わかった時にはがんが進行」
「イライラして、認知症の親に『早く死ね』と暴言を吐いてしまった」

仕事を辞めると、それまでの収入や生活環境、人間関係は一気に変わります。最初は親のためにと思っていても、介護腰痛や寝不足による疲弊、ストレスに追い詰められていきます。老人福祉の現場でたくさんの家族介護の実態を見てきましたが、介護離職者は、「自分が頑張らないと……」と一人で親の介護を抱え込んでしまうため、他の兄弟姉妹や家族と上手くいかなくなり、うつ病を発症したり、介護虐待や介護心中などの悲惨な事件につながるケース、割合は多いと感じています。

それは、子供家族の経済状況の悪化や離散・崩壊にもつながります。

「収入はゼロとなり、親の預貯金・年金頼みの生活になった」

「妻の母親の介護が原因で別居、一年後に離婚した」

「介護離職で経済状況が悪化、子供（孫世代）が大学進学をあきらめた」

「介護が落ち着けばまた働くつもり」と答える人は多いのですが、総務省の介護離職に関する意識等の調査（平成二九年）によると、再就職率は三割程度、そのうち、正規職員での採用になる人は五人に一人です。常勤・正規職員といっても、介護や看護などの有資格者か、請われて前の職場に復帰するのでなければ、希望する職種、離職前と同程度の待遇で働くことはほぼ不可能です。五〇代で仕事を辞めて、五年、一〇年介護をして親が亡くなった時には、働く意欲も能力も場所も失われています。

親が亡くなれば年金収入はストップ。早期退職のため退職金も年金額も多くありません。八

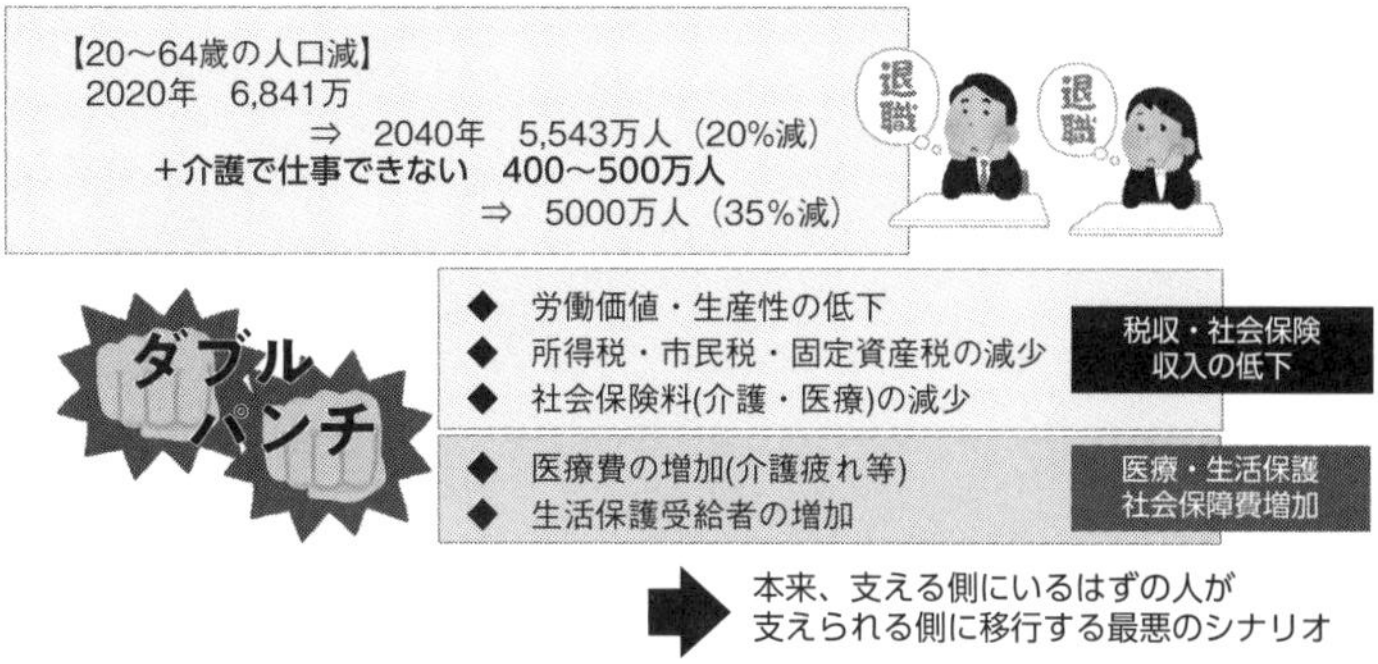
【20～64歳の人口減】
2020年　6,841万
⇒　2040年　5,543万人（20%減）
+介護で仕事できない　400～500万人
⇒　5000万人（35%減）
退職
退職
ダブルパンチ
◆　労働価値・生産性の低下
◆　所得税・市民税・固定資産税の減少
◆　社会保険料(介護・医療)の減少
税収・社会保険
収入の低下
◆　医療費の増加(介護疲れ等)
◆　生活保護受給者の増加
医療・生活保護
社会保障費増加
本来、支える側にいるはずの人が
支えられる側に移行する最悪のシナリオ

図表１－７　介護離職の増加は経済・社会システムの破綻に

○代の親が引きこもりの五○代の子供を支える「八○五○問題」がクローズアップされていますが、親の介護のために四○代、五○代で介護離職をした人も、その多くは同じ経路を辿ります。結果、親が亡くなったと同時に「生活保護受給申請」ということになるのです。

これは個人、家族の問題だけではありません。

今後、介護人材不足、介護財源不足で、介護サービスの供給が滞れば、年間の介護離職者は現在の一○万人から三○万人、四○万人となり、「親の介護が原因で働けない」という人は四○○万人、五○○万人と膨れ上がります。二○四○年の労働人口は今の八割の五二七○万人になると予測されていますが、そこからさらに約一割の人が親の介護が原因で働けないということになるのです。労働力が一割減ると、それだけ経済活動は低下し、税収や保険料収入も減少します。

それだけでなく、介護離職は支える側の分母にいる人が、病気になったり生活保護になったりして支えられる側の分子に移行するという最悪のシナリオなのです。そしてそれはさらに、孫世代がヤングケアラーになり、経済的に進学を断念せざるを得ないなど、長期にわたって貧困の世代間連鎖となっていくのです。

述べたように、高齢化に関わる諸問題は、「社会保障」と「経済」のバランスをどのように取っていくのかという話に集約されます。それは、社会保障と経済は、社会の両輪としてつながっているからです。医療介護などの社会保険、労働保険などの社会保障制度が充実していれば、病気や親の介護、老後などの不安を抱えることなく仕事をすることができます。それによって経済が活性化し、安定した税収、社会保険料が確保されることで社会保障制度は維持されているのです。

日本社会・日本経済はこの二つの両輪が上手く稼働することで発展してきたと言えます。ただ、それが可能だったのは、人口バランスを含め、手厚い社会保障政策をとっても、それを上回るだけの経済成長のポテンシャルがあったからです。

しかし、そのメカニズムはすでに破綻しています。

重い社会保障費の税・保険料負担が経済成長の足を引っ張り、経済の鈍化によって社会保障の根幹が揺らいでいます。先進国の中で、日本だけがこの三〇年経済成長をしていないのは、「財務省が〜」でも「財政規律派が〜」でもなく、社会保障費にお金がかかりすぎて、経済成長に回すお金がないからです。日本という車の車輪は逆回転を始めているのです。それは、後期高齢社会になるとさらに加速していきます。

「高齢社会になると増税や社会保険料の値上げがさらに進む」という人がいますが、それはありません。それは増税の是非や賛否ではなく、いまの日本経済には増税を受け入れるだけの余力、ポテンシャルがないからです。恐らく、これからもないでしょう。

もちろんそれは、「増税や保険料の値上げがないなら良かった」という話ではありません。

医療介護など社会保障費の削減は不可避という一方で、介護サービスを抑制すれば、その両輪を支えるシャフトが折れ、介護離職やヤングケアラーが激増、経済だけでなく社会システムが根本から崩壊することになるのです。

第2章

地域包括ケアは二〇四〇年に向けた自治体破綻の一里塚

「社会保障費、特に高齢者の医療介護費の削減は不可避」

「介護サービスを抑制すると介護離職が激増、社会システムが破綻」

この相反する難しいかじ取りを、これから誰が行っていくのか。

「最低限度の生活を営む権利の保障」「社会福祉・社会保障の増進」は、憲法二五条に規定された国の責務です。厚生年金、国民年金などの年金制度は国のシステムです。また、介護保険制度や老人福祉法、健康保険法、高齢者住まい法など、医療や介護、高齢者の住まいなどの高齢者関連施策の根幹となる法整備や介護報酬、診療報酬などを定めるのはこれからも国の役割です。

ただ、それを使って、それぞれの地域特性・地域ニーズに合わせ、限られた財源・人材の中で、独自のケアシステムをプランニング、マネジメントしていく責任は自治体に移ります。

その責務を果たせない自治体は破綻、消滅します。

それが地域包括ケアシステムの本質です。

1　介護報酬を上げても介護人材不足は解消されない

「二〇四〇年には、認知症高齢者は九五〇万人を超える」

「二〇四〇年には、介護費用の総額はいまの二・三倍以上に」

「二〇二五年には介護職員は二四三万人、二〇四〇年に二八〇万人が必要」

超高齢社会の未来、社会保障財政、介護人材不足についての報道が増えています。

ただ、これら「日本全国で……」というのはすべて「全国共通ケアシステム」の考え方です。

二〇二五年から始まる地域包括ケアシステムは、「保険者である市町村や都道府県が地域の自主性や主体性に基づき、地域の特性に応じて作り上げていく」「地域包括ケアシステムの推進の責任者は自治体」というのが原則です。

つまり、「北海道北見市」「秋田県仙北市」「東京都世田谷区」「新潟県佐渡市」「奈良県十津川村」「島根県益田市」「高知県四万十町」「福岡県北九州市」など、基礎自治体である市町村で、介護需要はどのくらい上がるのか、どの程度の介護サービスが必要になるのか、その時に財政負担はどの程度になるのか、国民健康保険や介護保険の保険料はいくらになるのか、介護人材はどの程度の不足が見込まれるのかを算定し、それぞれの地域個別の課題として解決していかなければならないということです。

しかし、それはそう簡単なことではありません。

一つは人材の確保です。

これから全国で少子後後期高齢化が一気に進んでいきます。図1-3（28ページ）で示したように、二〇二〇年現在、後後期高齢者一人当たり一一・三人の二〇～六四歳人口で支えていますが、二〇四〇年には五・八人、二〇六〇年には四・〇人に一人と三分の一になります。

	2015年	2020年	2025年	2030年	2035年	2040年
秋田	8.7	6.3	5.3	4.7	3.6	2.9
青森	11.9	8.4	6.9	5.8	4.4	3.5
高知	8.3	6.7	6.1	5.3	4.1	3.7
北海道	12.5	9.1	7.4	6.1	4.6	3.9
長崎	10.1	7.8	6.7	6.0	4.7	3.9
島根	7.9	6.3	5.9	5.5	4.4	4.0
徳島	9.9	7.8	7.0	6.2	4.7	4.1
京都	14.2	10.7	8.8	7.1	5.4	5.1
滋賀	15.7	12.4	10.7	8.8	6.7	6.0
埼玉	21.8	15.4	11.5	8.7	6.7	6.2
神奈川	19.8	14.2	11.1	8.7	6.8	6.3
沖縄	18.4	14.0	11.6	10.9	8.7	6.9
愛知	19.6	14.6	11.7	9.4	7.4	7.0
東京	20.2	15.6	13.2	11.3	9.3	9.0

地方の課題
◆すでに後後期高齢化が進んでいる
◆消滅リスク高い市町村が多数発生

都市部の課題
◆これから一気に後後期高齢化が進む
◆介護財源・介護人材不足が深刻に

秋田県	2020年	2040年
秋田市	8.94	3.52
大仙市	6.16	3.49
大館市	5.67	2.84
横手市	5.46	2.60
にかほ市	6.24	2.32
仙北市	4.81	2.27
男鹿市	4.31	1.36

東京都	2020年	2040年
中央区	27.01	18.54
世田谷区	14.86	8.41
練馬区	13.40	6.69
八王子市	13.43	5.45
町田市	12.11	5.21
多摩市	13.55	4.82
福生市	11.08	3.77

「日本の地域別将来推計人口（平成30年推計）」より作成

図表2－1　都道府県別　後後期高齢者人口と20～64歳人口の対比

ただ、この数字は自治体によって大きな開きがあります。

秋田県では、二〇二〇年の段階ですでに六・三人となっており、二〇四〇年には二・九人と全国平均の半分に落ち込みます。同様に、青森県や高知県、北海道、長崎県、島根県などでも、三～四人という厳しい数字が並びます。

同じ都道府県内でも、県庁所在地と山間部、農村部などの自治体とでは、その比率は変わります。二〇四〇年の秋田県を例に挙げると、県平均は二・九人ですが、県庁所在地の秋田市は三・五人です。一方、仙北市やにかほ市といった小規模の市では二・三人、男鹿市では一・三六人となり、支えられる側の八五歳以上の人口と、支える側の二〇～六四歳までの人口が近づいていきます。

これは秋田県だけの話ではありません。二〇四〇年になると、全国で二・〇人を切るのは一六七市町村と全国の市町村数の約一割に、二〇～六四歳人口よりも八五歳以上の人口の方が多い一・〇人を切る自治体も六つあります。

国立社会保障・人口問題研究所のホームページに、都道府県別・市町村別の「将来推計人口」がアップされていますので、自分の住んでいる市町村と親の暮らしている市町村の「後後期高齢者人口とそれを支える二〇～六四歳人口の比率」が二〇四〇年にどうなっているのかを調べてみることをお勧めします。

秋田、青森、高知と比較すると、東京や神奈川、埼玉、愛知、京都といった都市部はまだ少し余裕があるように見えます。しかし、そのばらつきは大きく、二〇四〇年になると、東京二三区内でも中央区は一八・五人と都内平均の九・〇の二倍を超えていますが、練馬区では六・七人と大きく下回っています。多摩市、福生市など都心から離れると、その数値は三～四となり東北や四国とほとんど変わりません。二〇二〇年と比較すると三分の一近くになるところもあります。この数字からも、これから大都市やその近郊で一気に少子後後期高齢化が進むことがわかります。

今でも、介護人材不足に喘いでいるのは地方ではなく都市部です。

たくさんの仕事がある都市部に対し、地方の場合、大きな工場や産業がない限り、公務員や医療介護、保育などの従事者の割合が高くなります。厚労省は「第八期介護保険事業計画に基づく介護職員の必要数について」という資料の中で、二〇四〇年の介護人材の必要数と不足数の予測を出していますが、東京の七・二万人を筆頭に、大阪六・七万人など、神奈川、兵庫、愛知、千葉などの都市部がその上位に上がります。この数字をみれば、今後、どの地域から介護崩壊が始まっていくのか見えてくるでしょう。

介護人材不足が加速する中で、介護報酬を上げろという声が大きくなっています。介護業界が介護報酬アップを望むのは、「入浴介助やオムツ交換が大変だから」「家族の代わりに介護をしているのだから」ではありません。高齢者介護は専門的な知識・技術が必要となる専門職種です。一瞬のスキ、些細なミスが骨折や死亡など重大事故に発展する責任の重い仕事でもあります。社会保障財政が逼迫していることは十分に理解していますが、「介護が必要になった時に質の高い介護を受けたい」と考えるのであれば、もう少しきちんと評価してほしいと願うのは当然のことです。

ただ、現状において、介護報酬を上げれば介護人材不足は解消するかと言えば、そう単純な話ではありません。

いまでも、「介護の給与は低い」と声が上がるのは、主に東京や大阪、名古屋などの大都市部です。それは、都市部では介護以外にたくさん仕事があるからだけでなく、大都市部でも地方でも介護報酬に大きな差がないからです。そのため、後後期高齢化が進んでいるはずの地方都市では、介護人材はそれほど不足しておらず、逆に「介護労働以外の人材が不足」という課題が発生しています。

介護報酬が上がり、介護給与が高くなることは介護業界にとって望ましいことですが、他の産業、サービス業との給与格差が拡大すれば、地方にある企業や工場が倒産、撤退し「公務員と介護看護サービスしか残らない」ということになります。

また、都市部においても、介護人材不足の原因は「介護報酬が低いから」だけではありません。いま問題となっているのは、派遣職員の増加です。他の業界では正規社員と比較して非正規の派遣社員の待遇の悪さが問題になっていますが、介護業界では慢性的な人材不足を背景に、派遣職員の方が給与は高く、重い責任だけが安い給与の正規職員に圧し掛かるという逆格差が生まれています。そのため、「正規職員なんてバカバカしくてやってられるか」と介護サービス事業所を退職し、派遣会社に登録する介護福祉士や看護師が増加しているのです。

介護サービス事業所が派遣会社に支払う人件費は正規職員の一・五倍、さらには、介護職員の人材紹介業も活発化しており、一人の正規職員を紹介してもらうと、その紹介料は半年で一〇〇万円に上るといいます。中には、高い紹介料を目的に、「再就職祝い金」などと称して、何度も介護福祉士に転職を促すような紹介業者もいます。

この、派遣や紹介にかかるコストが人件費の総額を押し上げ、事業の中核となる正規職員の給与が上がらなくなっているのです。このような状況の中で介護報酬を増やしても、派遣企業や紹介会社が潤うだけで、介護業界にも介護職員にも、また利用者・国民にも何一つメリットはありません。

このように、介護人材不足の原因は複合的なもので、それぞれの自治体によっても違います。また、いつ、どの地域で、どの程度の介護人材が不足するのかは、景気動向やAI、ロボットなどの技術革新、さらには「新工場が建設される／撤退する」などの個別事情にも影響されるため、正確に予測すること容易ではありません。三菱総研によれば、二〇三〇年には事務職や販売職、生産職（工場）などを中心に四六〇万人もの余剰人員が生まれるという試算もあり、一定程度、介護人材も戻ってくるだろうと考えています。

ただ、介護は高い介護技術や知識が求められる専門職種です。身体機能や判断力の低下した要介護高齢者、認知症高齢者の生活に密着したサービスであり、高い倫理観も求められます。「リストラされて他に仕事がないから介護でも……」という人ばかりになると介護の質は低下し、手抜き介護や重大事故、さらには介護職員による介護虐待が増える要因となります。

繰り返しますが、地域包括ケアシステム構築の責任者は市町村です。それは高齢者施策の推進に必要な財源や人材の確保も含めて、自治体が責任を持つということです。仮に介護報酬が上がっても、国が介護人材を送り込んでくれるわけではありませんし、その負担の一部は市町村や都道府県にもかかってきます。「国の支援が必要だ」「介護報酬を上げろ」という単純な話ではないのです。

2　中学校区を単位としたコンパクトな介護システムは作れない

要介護高齢者、特に二四時間三六五日、継続的・包括的な介助が必要となる重度要介護、認知症高齢者が増える一方で、それを支えるために必要なお金も人もどんどん減っていく――これが、これからの少子後後期高齢社会です。その少ない介護人材、限られた介護財源の中で、それぞれの基礎自治体である市町村が知恵を絞って、その地域特性・地域ニーズにマッチした効率的・効果的な「地域包括ケアシステム」を構築しなければなりません。

ただ、それぞれの自治体・市町村で介護人材の確保状況、財政状況は違います。「介護財源」「介護人材」という二つの視点でみると、介護資源の状況はAからDの四つのタイプに分かれます。

Aは、財源も人材も充足している自治体。

原子力発電所があるなどの特殊事情を除き、人材・財政ともに余裕がある自治体は限られます。経済活動が活発な都市部では労働者は他の産業に流れますし、逆に目立った産業や工場のない自治体は、税収や保険料収入が少ないからです。

Bは、財政にはある程度余裕があるが、介護人材が不足している自治体です。

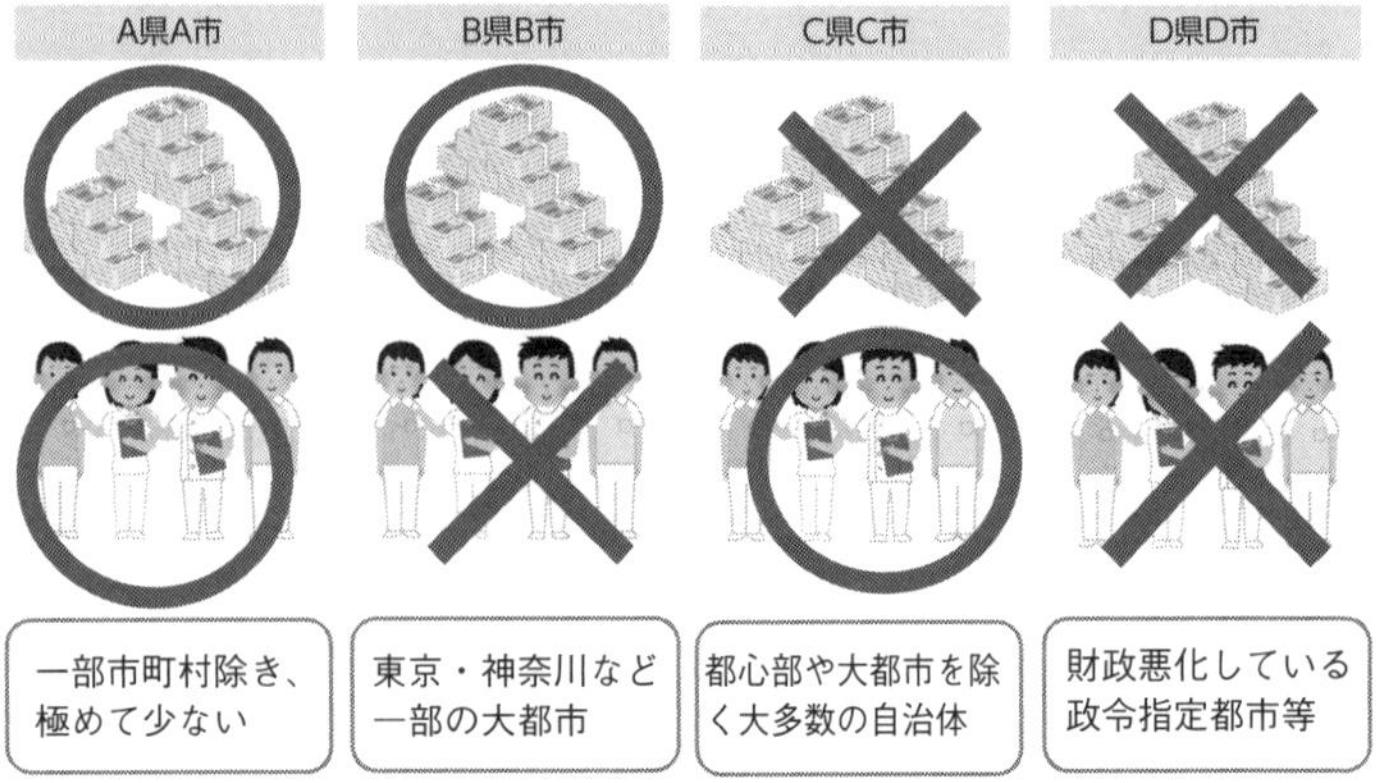

図表２−２　自治体の財源・人材の過不足状況は４パターンに分かれる

これは東京二三区や大企業の本社、工場がある企業城下町などが挙げられます。東京や神奈川では今でも高額な補助金を出して特養ホームを作り続けていますが、待機者がいても介護スタッフ不足で、稼働率が半分以下という状態になっています。

Ｃは、Ｂとは逆に介護人材は不足していないが、お金がないという自治体です。

これは、地方の大部分の市町村が当てはまります。述べたように、大規模な工場や産業のない自治体は、公務員や医療看護介護などのエッセンシャルワーカーの比率が高くなります。それは言いかえれば、税金や社会保険が給与の基礎となっている人の割合が高いということです。利用希望者が増えても、財政基盤が弱いため施設やサービスを増やせないということになります。

Ｄの自治体は、京都市や北九州市などの大都市・政令指定都市で、自治体運営の失敗によってすでに財政が悪化しているところです。お金がないから施設やサービスを増やせないし、若者が働く仕事は他にもたくさんあるので介護スタッフも集まらないという状態です。

これは、自治体の財政規模や人口規模とは関係ありません。現在、日本には一七一八市町村ありますが、今でもその多くはB・C・Dのいずれかに分類されますし、いまはまだAに分類される自治体でも、二〇四〇年になると、その数は極めて限られるだろうと思います。

この現実を見ると、地域包括ケアシステムの理念とされた「重度な要介護状態になっても、住み慣れた地域で暮らし続けることのできる中学校区単位のコンパクトなケアシステム」を整備することは、ほぼすべての市町村で不可能だということがわかるはずです。

序章で述べたように、介護サービス事業は、そのビジネスモデルの性格上、定員の規模が小さく、コンパクトになればなるほど経営効率が下がり、運営コストが嵩んで事業が安定しなくなります。これは、入所入居系サービスだけでなく、通所・訪問などの在宅サービスも複合サービスも同じ、そして地域全体、市町村全体のケアシステムも同じです。

仮に、小規模の特養ホームや通所サービス、複合サービスを駆使して「コンパクトな介護システム」をスタートさせても、二〇四〇年、二〇六〇年になれば介護財源や介護人材はどんどん減っていきます。自宅で生活できない重度要介護、認知症高齢者が増えても、財政悪化で施設やサービスを増やすことはできません。逆に介護スタッフ不足や運営コスト上昇で倒産する小規模の特養ホームや認知症グループホームが増加、小規模多機能などの在宅サービスも維持できず、ケアシステムそのものが崩壊することになります。

つまり、地域包括ケアシステムで示された「コンパクトなケアシステム」は一つの理想ではあるものの、「限られた介護資源の効率的運用」という視点がないため、直面している重度要介護・認知症高齢者の増加、家族介護の限界、介護人材不足、介護医療費の増大などの問題は何一つ解決できず、より状況を悪化させるだけなのです。

厚労省はどれだけ財的人的コストがかかっても、「重度要介護、認知症になっても住み慣れた地域で暮らし続けられる中学校区単位のコンパクトなシステムを構築すべきだ」と本気で思っていたのか、はじめから「実現不可能でも理想を掲げれば、誰も反対しないだろう」と策謀したのか知りませんが、二〇〇五年の段階でも実現不可能な計画であることはわかっていたはずです。だから、「これからは地域が中心となって」「地域の責任で」と叫ぶだけで、最初からコンパクトなケアシステムを推進しようとはしていないのです。

地域特性、地域ニーズに合わせた効率的・効果的な高齢者施策を行うには、国の主導する全国共通ケアシステムから、自治体主導の地域包括ケアシステムへの移行が必要であることはその通りです。ただ、そこで掲げた理想論が、「これからの高齢者施策がどうあるべきか」ではなく、これまでの国の医療介護対策、高齢者施策の失敗の責任を曖昧にして、地方自治体に押し付けることが目的なのであれば、あまりに国民をバカにしていると言わざるを得ません。

3　地域包括ケアシステムが進まない決定的な理由

地域包括ケアシステムについては、東京都世田谷区の「世田谷モデル」といった先進的な取り組みが紹介され、他の自治体からの視察も多いと聞きます。もちろん、その取り組み方法や知見を学ぶことは必要ですが、同じことはできません。自治体それぞれに地域特性・ニーズは違いますし、活用できる人材・財源にも大きな差があるからです。「世田谷モデル」は世田谷区だからできることです。また、「先進的モデル」といっても、その多くは理念優先で人材や財政の効率化が見えにくく、二〇四〇年まで安定的に維持できる地域包括ケアシステムかと言えば、疑問符がつきます。それくらい難しいのです。

この地域包括ケアシステムの推進は、ほとんどの自治体で大きく遅れています。その理由は三つあります。

①財源や人材が絶対的に不足していること

市町村では、三年毎に介護サービスの事業計画を作成することになっていますが、都市部では特養ホームや介護付有料老人ホームの整備計画を作っても、応募ゼロというところが増えています。介護保険がスタートした当初は、一つの計画枠に五法人、一〇社と競い合うようにコンペが行われていましたが、最近では自治体から地元の社会福祉法人に「参入してもらえないか」と依頼しても、人材不足を理由に断られるといいます。一方、財政基盤の弱い地方の小規模の市町村では、要介護高齢者が増えても、お金がないので整備計画さえ立てられないという事態になっています。

②国民・市民の意識

財源の見通しがないまま医療介護費用が増加したため、国や地方自治体の財政は、高額の赤字国債や地方交付税交付金を前提に何とか成り立っているのが現実です。

「無駄な防衛費や公共事業を削って社会保障に回せ」という人がいますが、仮に防衛費や公共事業費をゼロにしても、社会保障費の国庫負担の増加分さえ賄えません。これからの日本では「医療介護サービスの削減・見直し」「増税・保険料値上げ」というダブルパンチをどこまで許容できるのかという話をしなければならないのですが、いまも右手に「医療介護の充実」、左手に「減税・保険料値下げ」を掲げる政治家は多く、社会保障依存症にある国民・市民の意識を変革させることは容易ではありません。

③市町村のマネジメント能力・責任感の欠如

マネジメントという言葉を日本語に訳せば「経営」です。これからの自治体の首長には、企業経営者以上の高い行政マネジメント能力が求められます。それぞれの域内の限られた社会資源、減少していく介護資源を最大限効率的、効果的に運用して、「高齢者の安全・安心の暮らし」という果実が得られるよう、難しいかじ取りをしていかなければなりません。

しかし、いまだ、多くの市町村で、その意識は醸成されていません。

その原因の一つが、「国からの指示待ち」体質から抜け出せていないことです。

地域包括ケアシステムの構築にあたっては、「当該市にはどのような地域特性・地域ニーズがあるのか」「後後期高齢社会を迎えるにあたっての強み、弱点は何か」「使える財源・人材はどの程度あるのか」「どのような指針・戦略で進むのか」を、それぞれの市町村で検討・検証し、独自の政策を実行していかなければなりません。しかし、いまだに旧全国共通ケア時代の意識が抜けず、「厚労省に確認します」「国の方向性を確認してからでないと動けない」という、指示待ちタイプの自治体が少なくありません。

加えて指摘されるのが、前例主義と計画性の欠如です。

それぞれの市町村では、三年毎に介護保険事業計画を作成しています。しかし、その中身を見ると、「今後三年で六五歳以上の高齢者が一五%増加する」「それに合わせて現在のすべての種別の介護サービス量を一五%増加する」「介護保険料も一五%増加する見込み」と、従来の全国共通ケアシステム時代の計画をそのまま踏襲したものが目につきます。

また、後後期高齢社会は、いまから半世紀以上続く過酷なものです。しかし、「二〇四〇年の市の人口バランスはどうなっていますか?」「重度要介護高齢者はどのエリアで、どの程度増える見込みですか?」「介護保険料や市の財政負担がどの程度になるか試算していますか?」と基礎的なことを聞いても、首をかしげるばかりで、「制度や報酬が変わるので試算しても数字が変わる」「試算の数字だけが表に出ると混乱の恐れがある」といまだ長期計画を立てていない自治体もあります。だから、何も考えないで「福祉のまちづくり」「特養ホームの整備を推進」と平気で言ってしまうのです。

数年前、ある政令指定都市の介護保険課の課長に、「このままでは介護費用が増加して市の財政が大変なことになりますよ」と話をしたところ、「介護保険は社会保険ですから、民間保険と違って破綻しませんよ。自己負担は二割、三割になるでしょうし、保険料も二倍、三倍になるでしょうけどね。超高齢社会だから仕方ないですよ。ハハハ」と笑われ、絶句しました。

指摘したように、これには地域包括ケアシステムの本質を曖昧にしてきた国にも大きな責任がありますが、介護保険法には「地域包括ケアシステム推進の責任は自治体」と明確に書いてあります。

地域包括ケアへの移行が二〇〇五年に発表されてから一九年が経過し、二〇二五年の完全移行まであとわずかです。しかし、事ここに至っても、その計画推進責任者である市町村には、その意識、責任感、危機感がないのです。

本来であれば、最初の五年内、二〇一〇年までには、それぞれの市町村で財政・人材の見込みを含めた長期ビジョンを作成し、市民への丁寧な説明を行わなければならなかったのですが、その地域包括ケアシステムの土台となる最低限のことさえ、いまだほとんどの自治体で行われていないのです。

4 地域包括ケアシステムの行く手を阻む法律・制度の歪み

後後期高齢者の増加による医療介護問題は、現時点ではまだ山の五合目にも達していません。ここから一気に登りの傾斜角は大きくなっていきます。また、二〇四〇年が山の頂上でその後は下っていくというわけでもありません。すでに装備も古く、酸素も切れかけているのに、ヒマラヤ山脈のように高止まりした尾根を、どんどん肩に重くのしかかってくる荷物を背負って、この先も五〇年、六〇年と歩き続けなければならないのです。

それは、お金や人材不足の問題だけではありません。

「高齢者対策の充実」「福祉国家を目指せ」と叫べばなんでもありの状況下で、省庁間の利権・補助金争いを繰り返した結果、縦割り行政の歪みが拡大、介護施策、医療施策、福祉施策、低所得者施策、住宅施策を含め高齢者施策は大混乱しており、それが既得権益となり固定化しています。

特別養護老人ホームの例を見てみましょう。

「特養ホームの待機者は全国で五〇万人」「特養ホームが足りない」と、それは常に政治問題化されてきました。介護保険法がスタートした二〇〇〇年には三〇万床程度だったものが、二〇二一年には六五万床と二倍以上になっています。その増加分の大半は全室個室の「ユニット型」と呼ばれるものです。このユニット型特養ホームは、重度要介護高齢者、特に認知症高齢者の住まいとしては理想的なものです。住宅対策、介護対策だけでなく、老人福祉施設として福祉対策、低所得者対策が一体的に行われているため、一割負担の場合、最高でも月額一五万円程度で利用することができます

しかし、全室個室で食事付、手厚い介護看護が二四時間三六五日受けられる生活環境で、都市部でもその低価格が実現できるのは、莫大な社会保障費が投入されているからです。厚労省は、特養ホームの入所者には、在宅で生活する要介護高齢者よりも一人当たり年間一八〇万円以上の介護費用がかかっていると認めています。そのため同じ建物設備・サービス内容の介護付有料老人ホームを隣に作ると、その価格設定は三〇万円を超えます。

「足りないからどんどん作る」というのは、お金も人も潤沢である場合にのみできる対策です。介護人材も介護財源も絶対的に不足する中で特養ホームを作り続けると、そこだけに介護人材や介護財源が集中し、「運良く入所できた高齢者・家族」と「運悪く入所できなかった高齢者・家族」との介護格差は開いていきます。

特に、ユニット型特養ホームは低所得者対策が不十分なため、「独居で収入が二五〇万円以上ある」「預貯金が数千万円ある」「子供家族から毎月数万円以上の仕送りが可能」といった高額の退職金や年金を受けている金銭的に余裕がある高齢者が優先され、平均的な年金収入（一七五万円程度）の高齢者でさえ申し込めないという、福祉施設として決定的な矛盾を抱えています。結果、低所得者でも要福祉でもない、金銭的にも精神的にも余裕のあるアッパーミドルの高齢者が、年間数千億円規模の低所得者対策や福祉対策を優先的に受けられるという、本末転倒のものとなっているのです。

これは、高齢者住宅も同じです。

現在、民間の高齢者住宅には、厚労省の老人福祉法を土台とする有料老人ホーム（介護付・住宅型）と、国交省が推進してきた「高齢者住まい法」に基づくサービス付き高齢者向け住宅（サ高住）があります。「その違いがよくわからない」という声は大きいのですが、それは「なぜ高齢者住宅に、二つの制度・基準が必要なのか」が誰にも説明できないからです。

これは「意味がない」という話ではありません。

介護サービスは、公的な社会保険制度を土台とした営利事業という、他に類例のない極めて特殊な事業です。その運営には、高い倫理観や専門的な技術、知識、ノウハウが求められます。また、その対象は身体機能・認知機能の低下した要介護・認知症高齢者であり、特に高齢者住宅は入所者、職員が限定され、閉鎖的な環境になりやすいという特徴があります。そのため、経営悪化による突然の事業停止や、「判断力の低下」に付け込んだ不正、サービスの押し売り、職員による介護虐待などの人権侵害が発生しないよう、計画的にサービスを整備し、定期的に立ち入り調査や指導監査を行うなど、行政の管理責任は極めて重いのです。

しかし、これまで国は「質より量」と参入障壁を撤廃、簡素化し、国交省と厚労省が競うように利権、補助金争いを繰り広げてきました。その結果、この二つの制度の歪み、矛盾が拡大し、指導監査体制は崩壊、「介護は儲かる」と素人経営者が大量参入し、介護事故やスタッフによる介護虐待が激増、違法な無届施設や「囲い込み」と呼ばれる貧困ビジネスが横行しているのです。

この「老人福祉施設と民間の高齢者住宅の混乱」「有料老人ホームとサ高住の混乱」「介護付・住宅型など介護保険適用の混乱」という三つの混乱によって、不正あるいは無駄に使われている医療介護費用は年間数兆円に上ることがわかっています。二〇二〇年の国全体の介護費用の総額が一一兆円規模だということを考えると、その大きさがわかるでしょう。

「補助金がでるから」「介護福祉ナンバーワンの市を目指す」と、財政や人材確保の見込みがないままユニット型特養ホームや低価格の「囲い込み型」の住宅型有料老人ホーム・サービス付き高齢者向け住宅を作ってきた自治体は、これから、その後始末に頭を抱えることになります。この「全国共通ケアシステム」で拡大してきた縦割り行政の弊害や制度矛盾、無駄遣いの解消を含め、「これからの高齢者施策はすべて包括的に自治体の責任」というのが、地域包括ケアシステムなのです。

5　地域包括ケアシステムは〝自治体ガチャ〟の始まり

「高齢者の医療介護費用の増加で国の財政が破綻する」という人がいますが、これは間違いです。医療保険（健康保険）制度や介護保険制度がなくなることもありません。現行の制度、報酬体系が維持できないことは事実ですが、制度が破綻し、保険証が紙切れになることはありません。また、実際は消費税が二〇％になったり、医療介護保険料が二倍、三倍になったりすることもありません。

その理由は、いま言われているような「ＭＭＴ理論」や「バランスシート上は云々……」という小難しい金融論や財政論ではありません。それは、そうなる前に自治体が破綻（財政再生団体に転落）するからです。それが地域包括ケアシステムのからくり、本当の目的です。

介護保険制度の財政負担割合を円グラフにしたものが図表2-3です。

これは、左右と上下で分割することができます。

右半分は税負担、左半分は保険料負担です。公費のうち市町村と都道府県がそれぞれ一二・五％、国が二五％（調整金五％を含む）を負担しています（介護保険三施設等は、国の負担は二〇％、都道府県負担が一七・五％）。保険料は、四〇～六四歳までの第二号被保険者の割合

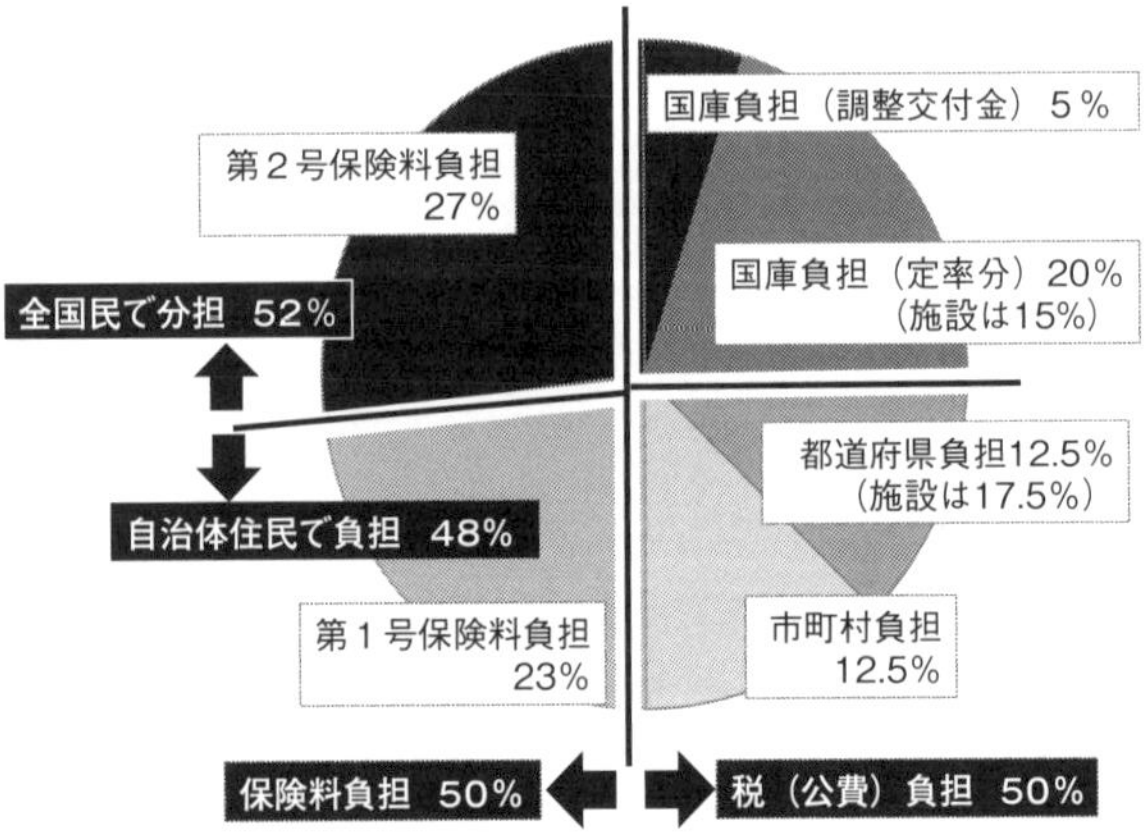

図表２－３　介護保険制度の財政負担割合

が二七％、六五歳以上の第一号被保険者の保険料割合が二三％となっています。合わせて税金が五〇％、保険料が五〇％です。

上下は負担者の違いです。上部の国庫負担（調整金含む）と第二号被保険者負担は、全国民で平準化、分担している部分です。これが五二％。そして下部の都道府県負担、市町村負担、第一号被保険者負担は、その地域で暮らしている都道府県・市町村の住民で負担しなければならない割合です。これが四八％です。

ここで注目したいのは、上下の関係です。

後後期高齢者の増加によって介護給付が増加した場合、国は国庫負担分を消費税に転嫁したり、一時的に赤字国債を発行したりできます。第二号被保険者の保険料率を上げることも可能です。しかし、下部の住民負担はそうはいきません。国からの交付金交付税を除けば、市町村の収入の八割以上は市町村民税と固定資産税です。人口が減少すれば市民税は減りますし、都心部などの一部の地域を除き地価も下がりますから、固定資産税収入も少なくなります。現在の市町村・都道府県の税収を維持するには、住民税や固定資産税の税率を上げざるを得ません。

保険料も同じです。二〇二一～二〇二三年の第一号被保険者の介護保険料は、全国平均で一か月六〇一四円ですが、三〇〇〇円台の市町村もあれば、九〇〇〇円を超えるところもあります。その差額は最大で六五〇〇円、年間七万八〇〇〇円です。現行制度で介護給付が増えていくと、一〇年後には、七〇〇〇円～二万円に広がることになります。

しかし、国の消費税とは違い、地方税や介護保険の第一号被保険者の保険料、後期高齢者医療保険料の値上げには限界があります。老齢厚生年金の平均受給額は月額約一四万五〇〇〇円ですが、ここから住民税と固定資産税、医療介護保険料が合わせて毎月五万円、六万円引かれるとなると、高齢者は生きていけません。

足りない分は借金をしようにも、地方債は公営事業（交通や水道など）や建設事業費に限られており、介護保険や医療保険の財源としては起債できません。もちろん、医療介護費用の増加で財政赤字になっても、国が交付金交付税を増額して補填してくれることもありません。

もうおわかりでしょう。国・保険者・自治体の中で、医療介護費用の増加によって、最初に財政破綻を起こすのは市町村なのです。

「財政再生団体」に転落すると、全国最高額の保険料、市民税、固定資産税で、全国最低基

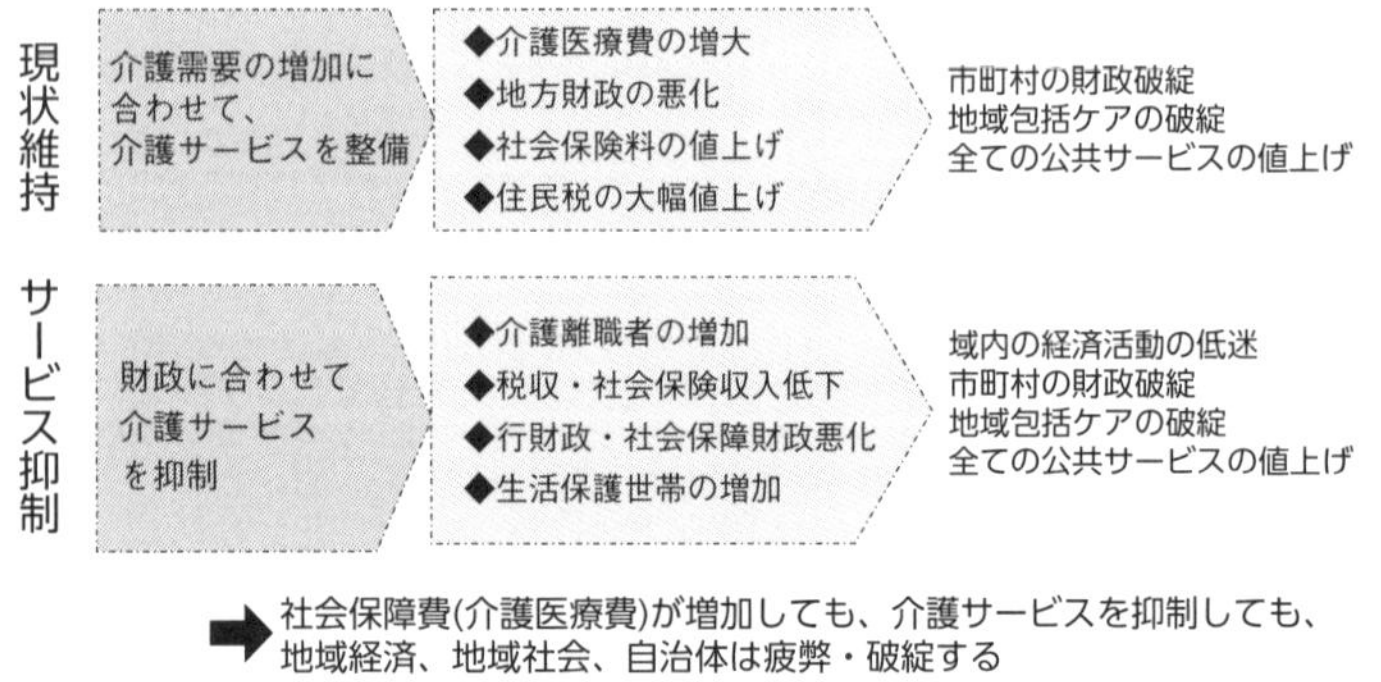
現状維持
介護需要の増加に合わせて、介護サービスを整備
◆介護医療費の増大
◆地方財政の悪化
◆社会保険料の値上げ
◆住民税の大幅値上げ
市町村の財政破綻
地域包括ケアの破綻
全ての公共サービスの値上げ
サービス抑制
財政に合わせて介護サービスを抑制
◆介護離職者の増加
◆税収・社会保険収入低下
◆行財政・社会保障財政悪化
◆生活保護世帯の増加
域内の経済活動の低迷
市町村の財政破綻
地域包括ケアの破綻
全ての公共サービスの値上げ
社会保障費(介護医療費)が増加しても、介護サービスを抑制しても、
地域経済、地域社会、自治体は疲弊・破綻する

図表2－4　介護サービス抑制か？　社会保障費削減か？

準の介護医療サービスしか受けられなくなります。国の管理の下で、強制的に医療介護費用が抑制されるというメカニズムです。言い換えれば、市町村の財政破綻が安全弁となって、国や介護保険・健康保険は潰れないのです。

　削られるのは医療介護だけではありません。小中学校は統廃合、ごみ収集などあらゆる行政サービスは一気に低下、市町村運営のバスもなくなります。保育料や水道料金も一気に値上げ、公務員は大リストラとなり、高齢者だけでなく若者も子供も住めなくなって住民は雪崩を打って流出します。二〇〇六年に財政破綻した北海道夕張市の現状をみれば、その厳しさがわかるでしょう。

　この医療介護費用の増加による市町村の財政破綻は、ごく一部の市町村、人口数千人～数万人規模の小さな市町村の問題ではありません。人口三〇万人規模の中核市、一〇〇万人規模の政令指定都市でも起きる可能性があります。筆者の暮らす京都市は大幅に膨らんだ地下鉄事業、豪華市庁舎の改修費などで「このままでは二〇二八年度にも財政再生団体への転落の可能性がある」と指摘されており、すでに働く世代の人口減少が進んでいます。このまま医療介護費が増加すれば、二〇四〇年を待たずに京都市財政は破綻します。しかし、一律に強制的に介護サービスを抑制すれば、介護離職者が激増し、地域経済・社会システムそのものが崩壊することになるのです。

どちらにしても、地域包括ケアシステムは、高齢者の医療介護費の抑制策の切り札なのです。だから、国が率先して、「高齢者対策の地方分権」の旗を振っているのです。

これは市町村から見れば、「進むも地獄、引くも地獄」の自治体破綻の一里塚であり、地域包括ケアシステム構築に失敗すれば、その市町村はなくなるということです。それは市町村合併によって名前が消えるという生ぬるいものではなく、文字通りその市町村には人が住めなくなるということです。

「社会保障費（特に高齢者の医療介護費）の削減は不可避」

「一律に介護サービスを抑制すると介護離職が激増し、社会システムが破綻」

この相反する難しいかじ取りの責任を負う市町村の役割がどれほど重いものなのか、それがどれほど難しいことなのかがわかるでしょう。

地域包括ケアシステムが本格始動する二〇二五年からは、住んでいる市町村によって地方税や医療介護の保険料の差はさらに広がり、要介護高齢者になった時に受けられる介護サービスの内容や質も大きく変わるという〝介護ガチャ〟がスタートします。その先は、全住民を巻き込む自治体存続をかけた壮絶な〝自治体ガチャ〟の時代に突入するのです。

第3章

高齢者の医療介護費用の大幅削減は二〇二五年から始まる

この未曾有の少子後後期高齢化による医療介護費用の増加、介護人材不足は、二〇年以上前からわかっていたことです。

しかし、事ここに至っても、中央・地方問わず多くの政党、政治家は変わらず「医療介護、福祉の充実」「減税、保険料の値下げ」を叫んでいますし、厚労省も財務省も、ときおり観測気球のような提案をするだけで、抜本的な社会保障制度の改革や費用削減に取り組んでいるようには見えません。

その理由の一つは、自治体が破綻すれば、自動的に医療介護費用は強制圧縮になること。もう一つは、地域包括ケアシステムへの完全移行に合わせて、二〇二五年から医療介護費用の大幅削減策が始まるからです。

ただし、国は指針を出すだけで、実際に削減策を実行するのは市町村です。地域包括ケアシステムと自治体責任による高齢者の介護医療費削減は、表裏一体なのです。

では実際に、どのような削減策が検討されているのか、実施されることが確実なもの、可能性の高いもの、またその方向性について、現在の制度課題や地域包括ケアシステムと合わせて考えます。

1　介護保険の被保険者の拡大、制度の統合

本来、保険システムは保険料だけで賄われるのが原則です。これは、民間保険も社会保険も同じです。

しかし、日本では前述したように、「福祉目的税」などと称して、後期高齢者医療制度や介護保険制度の財源の半分は消費税などの税金が充てられています。この公助（税）と共助（社会保険）の役割を曖昧にしてきた結果、給付と負担のバランスが不透明になり、高齢者の医療介護費用が際限なく膨らんできました。その曖昧さが「低負担高福祉」と呼ばれる、アンバランスで非効率、不公平な社会保障制度を生んだ最大の原因であり、かつ年間一三〇兆円という、国の税収の二倍に及ぶ高額な費用が投入されながら、国民がその効果を実感できない理由でもあります。

ただ、この「介護・福祉の充実を掲げれば、国民は増税に納得するだろう」という安直な発想も限界に近づいています。最近、政府から発せられる「公助・共助・自助の役割を明確に」というメッセージは、自助を目指すというだけでなく、共助と公助の分離・統合を進めるという意味が含まれています。

これから行われる可能性の高い対策の一つは、介護保険の被保険者の拡大です。

◇がん（回復の見込みがない状態に至ったと医師が判断したもの）
◇関節リウマチ　◇筋萎縮性側索硬化症　◇後縦靭帯骨化症
◇骨折を伴う骨粗鬆症　◇初老期における認知症
◇進行性核上性麻痺、大脳皮質基底核変性症及びパーキンソン病
◇脊髄小脳変性症　◇脊柱管狭窄症　◇早老症
◇多系統萎縮症
◇糖尿病性神経障害、糖尿病性腎症及び糖尿病性網膜症
◇脳血管疾患　◇閉塞性動脈硬化症　◇慢性閉塞性肺疾患
◇両側の膝関節又は股関節に著しい変形を伴う変形性関節症

	交通事故で要介護	特定疾病で要介護
65歳以上	介護保険適用	
40〜64歳	障害者福祉適用	介護保険適用
20〜39歳	障害者福祉適用	

図表３－１　現在の介護保険の特定疾病と対象者の範囲

現在、介護保険の被保険者は四〇歳以上となっていますが、これを二〇歳以上に拡大しようという議論は以前から行われてきました。ただ、ここで問題となるのが、現在の介護保険制度は「高齢者介護のみを対象とした保険」だということです。

図表３－１のように、六五歳以上の高齢者の場合、要介護になった原因を問わず、生活支援・介助には介護保険が適用されます。一方、四〇〜六四歳までの第二号被保険者の場合、加齢に伴う特定疾病として、「がん」「関節リウマチ」「初老期認知症」など一六の病気が指定されており、これによって要介護状態となった場合のみ、介護保険の対象となります。例えば、交通事故で要介護になった場合、六五歳の人には介護保険が適用されますが、六四歳の人は介護保険の対象外で、身体障害者として「障害者

福祉法」に基づく介護サービスを受けることになります。

ただ、ここで介護保険の被保険者を二〇歳以上にしても、若年層に「加齢に伴う一六の特定疾病」が発生する可能性は低く、保険料を支払うだけで保険給付を受けられません。当然、その理解も得られないでしょう。そのため、この被保険者の拡大と合わせて検討されているのが、障害者福祉（身体障害者、知的障害者、精神障害者）で行われている介護サービスとの財源の統合です。

「介護保険との財源の統合は、サービスの統合につながる」と反対する人も多いのですが、そうは思いません。確かに、障害者福祉で行われている介護サービスと介護保険で行われている介護サービスは、その支援の内容や手厚さが違います。視覚障害や聴覚障害、障害児童、強度行動障害など障害者福祉で対応する障害の状態は多様であるため、すべてのサービス内容を統合することはできません。

しかし、同程度の障害であれば、年齢に関わらずサービスの統合は検討されるべきですし、逆に不十分な障害者サービスの財源を安定的に確保するためにも、その財源の一部は統合されるべきだと考えます。

その先にあるのが、社会保障制度の大統合です。

現行の健康保険制度（公的医療保険）は、働き方や勤務先によって、国民健康保険や協会けんぽ（旧政府管掌保険）、大企業の組合健保、公務員の共済会、後期高齢者医療制度など様々

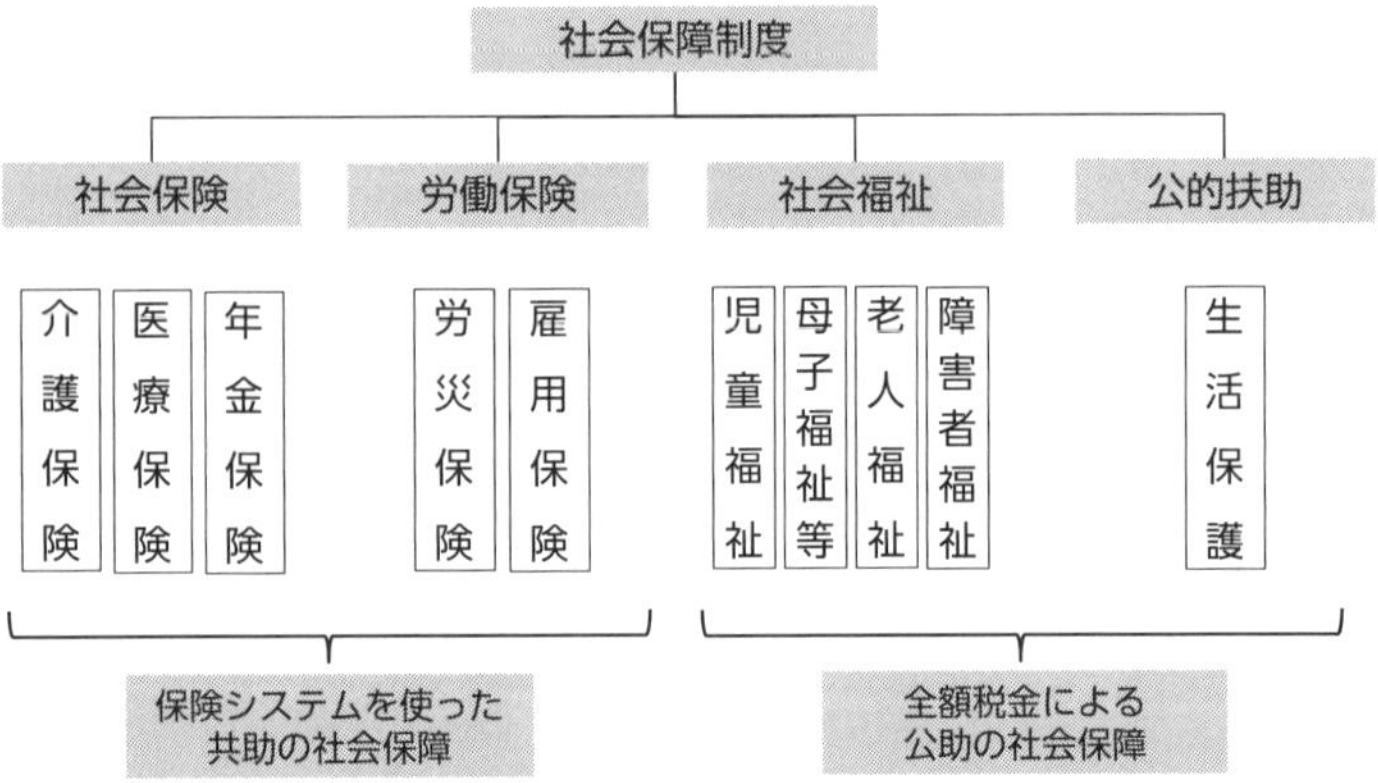

図表3－2　日本の社会保障制度（社会保険・労働保険・社会福祉）

に分かれています。これは、従来労働者の大半がサラリーマンだったということに起因しているのですが、非正規雇用や副業の増加など働き方は多様化しており、この「被用者・正規社員と扶養家族」を中心とした健康保険制度は、時代に合わなくなっています。

これは社会保険と労働保険、社会福祉との関係も同じです。

交通事故で大怪我をして障害者になった場合、それが通勤中か否かによって労災年金か障害年金かに分かれます。障害年金や労災年金は非課税ですが、老齢年金は課税対象です。また老齢基礎年金よりも生活保護受給額の方がはるかに高く、介護保険や医療保険の自己負担もゼロになるため、「国民年金の保険料を払わずに、歳をとれば生活保護をもらった方が得だ」と考える人は増えています。

公助・共助・自助と言いながら、同じ怪我、障害、生活状況でも、社会保険だったり、労働保険だったり、社会福祉だったりで、それぞれに保険料率や年金額、保障内容が違うなど、社会保障制度の骨格が重複・混乱しているのです。それだけ日本の社会保障制度は、制度間の無駄や矛盾が多いということです。

最近「全世代型社会保障」という言葉が飛び交っていますが、向かうべき方向性は、この複雑に入り組んだ社会保障制度の統合・スリム化です。公平性・効率性の観点から中小企業・大企業・公務員・自営業・高齢者に分かれている健康保険の一本化、介護保険と障害者福祉の介護サービスの財源統合、その先には介護保険と健康保険、社会保険と労働保険、さらには児童福祉、母子福祉などの福祉施策との財源の統合も課題にあがるでしょう。この社会保障制度の統合は、十分な支援が行われていない児童虐待や強度行動障害者、発達障害、小児難病などへの対策強化を行うためにも必要です。

現在、子育て対策、少子化対策の財源を社会保険（健康保険・介護保険・年金保険）に求めるという検討が行われています。明らかな目的外使用ですが、制度統合の方向性を考えるとそう突飛なものではないのかもしれません。

2　介護保険の対象者の限定

二〇〇〇年に介護保険制度がスタートした当初は、要支援～要介護5までが介護保険の対象

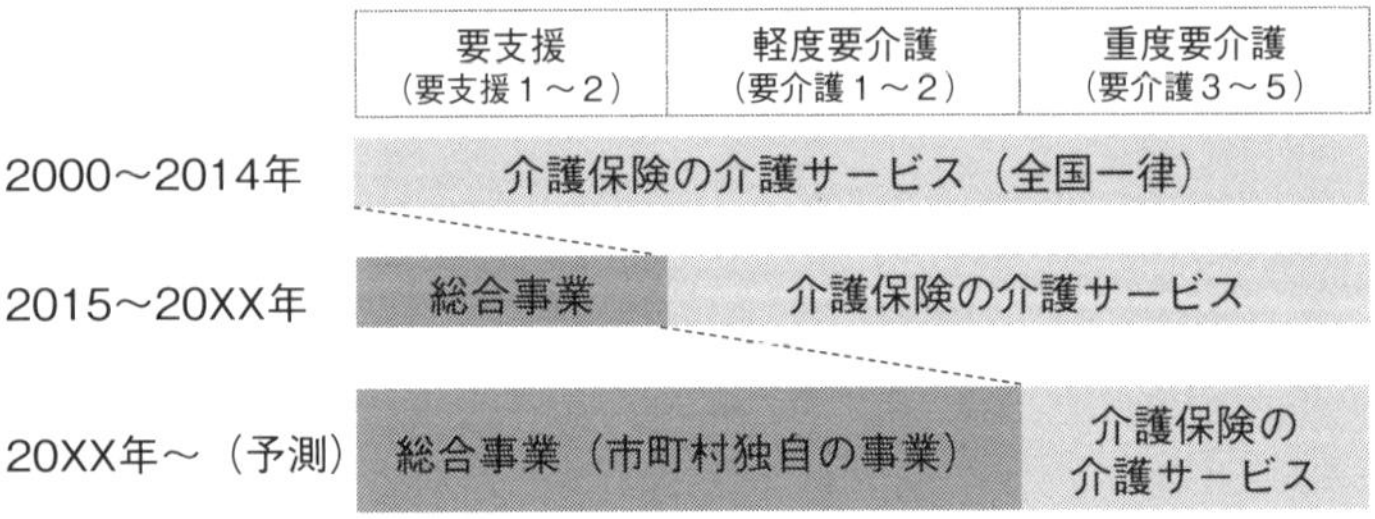

図表３－３　要介護度と総合事業の関係

で、生活支援・介護サービスが提供されていました。これが二〇一五年の介護保険法改正で、要支援の高齢者を対象とした介護サービスは「介護予防サービス」と位置付けられ、市町村独自の総合事業として、訪問サービス、通所サービス、体力づくりなどが行われています。

いままた、介護保険の対象を要介護3以上に限定し、要介護1・2については、要支援と同じように市町村単位の総合事業に移行しようという検討が行われています。

これについては「軽度要介護を介護保険から外せば重度要介護になるリスクが増える」「高齢者の生きがいをなくすのか」と、利用者だけでなく介護業界からも多くの反対意見が寄せられています。外出機会の確保やレクリエーション、体力づくりなど「軽度要介護に対する介護サービスも重要だ」と言われると、その通りです。

しかし、これから増えていくのは、介護がなければ移動移乗や排泄など最低限の生活、生命を維持することさえ難しい重度要介護の高齢者です。介護資源が極度にひっ迫する中、介護保険で対象とすべきは「重度要介護高齢者の排泄介助」と「軽度要介護のレクレーション、体力づくり」のどちらかと言われると前者です。

またこの背景には、後述する「認定調査の改竄」によって、実際は自立・要支援程度の人が、介護サービスが利用できるよう要介護1・2に認定されているという問題もあります。あれも必要、これも必要ではなく、限られた社会資源をどこに重点的に配分すべきかという議論は不可欠です。

また、総合事業といっても、介護保険制度から完全に切り離され、すべてが市町村の負担になるわけではありません。上限額が設定されるものの、その費用はこれまで通り、介護保険や国、都道府県からも案分して拠出されます。

逆に、これまでのような全国一律の介護保険サービスではなく、それぞれの市町村の地域特性、地域ニーズに合わせて、独自の取り組みができるというメリットの方が大きいのです。効率的・効果的できめ細やかな対策を、それぞれの自治体で工夫するという「地域包括ケアシステム」の理念に即したものだと言ってよいでしょう。

とはいえ、その主たる目的は「介護費用の抑制」「重度化へのリバランス」ですから、要介護1・2の軽度要介護高齢者に、いまの介護保険サービスと全く同じサービスを総合事業として提供しようとすれば、市町村の負担は増えることになります。

この総合事業は、地域包括ケアシステムの中でも、市町村のプランニング、マネジメント能力が強く問われる重要な事業です。独自の要支援・軽度要介護向けのサービスが効率的・効果的に運営できれば、現行の全国一律の介護サービス以上の介護予防効果、重度化予防効果が得られ、介護費用の抑制につながります。逆に、必要な対策をマネジメントできなければ、重度要介護、認知症高齢者の割合が増え、結果的に介護費用は増加することになります。

3　介護保険の自己負担の増加

これから一気に上がるのが、介護保険サービス利用時の自己負担です。

ただ、一律に二割負担・三割負担となると、重度要介護高齢者ほど負担が重くなり、低所得低資産の高齢者は必要な介護サービスが利用できなくなるため、介護離職が増えるという悪循環につながります。そのため、介護保険の自己負担の原則は、「たくさん介護を利用する人に多く負担してもらう」という応益負担ではなく、「負担能力の高い高齢者には、その能力に応じて負担してもらう」という応能負担です。

①ケアマネジメント費用の自己負担の導入

介護保険では、ケアマネジャーが行っている介護サービス計画（ケアマネジメント）にかかる費用も支出されています。利用者にその認識が薄いのは、訪問介護や通所介護などの直接的な介護サービスとは違い、自己負担がないからです。「ケアマネジメントの費用も自己負担を徴収すべき」という意見はこれまでもあったのですが、ケアマネジャーの団体等から「自己負担が発生すれば、ケアマネジャーへの相談をためらう人が増える」と反対する声が大きく、行われてきませんでした。

ただ、ケアマネジメントは一人ひとりの要介護状態や生活上の課題に合わせて、「どうすれば、その人らしく、安全に安心して生活できるのか」を検討し、必要なサービス・支援をプランニング・マネジメント・モニタリングする、介護保険の根幹となる高度に専門的な仕事です。財政的な問題だけでなく、その責任の明確化、ケアマネジメントの質の向上という側面からも、「利用者から相応の負担を求めるべき」という意見は少なくありません。

また、特養ホームなどの介護保険施設や介護付有料老人ホームに入ると、介護報酬の中にケアマネジメントが内包されているため実質的に自己負担が発生しており、公平性に欠けるという課題もあります。そのため、介護サービス同様に利用者には、相応の自己負担を求めることになるでしょう。

②自己負担の算定対象の見直し

現在、介護保険の自己負担は、前年度の収入によって一～三割と、その負担割合が決められています。しかし、高齢者は退職金や預貯金などで数千万円~数億円規模の金融資産を持っていても、収入は年金に限られるため、「低収入高資産」という人も少なくありません。

そのため、応能負担の観点から、介護保険の自己負担割合は前年度収入だけでなく、金融資産（預貯金や株式）も併せて検討すべきという案が上がっています。

これは、すでに特養ホームなどの介護保険施設の一部に導入されています。

介護保険がスタートした当初、特養ホームの介護報酬には、介護サービス費用だけでなく居住費や食費などの費用（ホテルコスト）も含まれていましたが、二〇〇五年の介護保険法改正の中で、ホテルコストは原則自己負担となりました。当初は、これらホテルコストにかかる自己負担も前年度収入に応じて補填（減額）が行われていたのですが、二〇一五年の改正で、単身で一〇〇〇万円以上（夫婦世帯では二〇〇〇万円以上）の金融資産がある人は減額対象から外れ、さらに二〇二一年の改定では、その対象となる金融資産額も単身で五〇〇万円以上に引き下げられています。

今後この方式が拡大され、介護保険の自己負担の算定対象も「前年度収入＋金融資産」となる可能性は高く、「合計所得金額が三四〇万円以上、もしくは一〇〇〇万円以上の金融資産のある高齢者は三割負担」などに変わるでしょう。

③特養ホーム等の介護保険施設の自己負担割合の増加

現在の特養ホームは、実質的に要介護高齢者の「終の棲家」となっていますが、同程度のサービスを提供する介護付有料老人ホームの半額程度で利用することが可能です。その理由は、以下のようなものです。

- 開設時に建物設備に対して数億円の建設補助が拠出されている
- 運営する社会福祉法人は、法人税・事業税・固定資産税などが非課税・減免
- 指定人員配置はほぼ同じだが、介護報酬の単価（及び加算体制）には差がある
- 特養ホームには独自の低所得者対策（特定入所者介護サービス費）がある

なぜ特養ホームが、このように二重三重に優遇されているのかと言えば、その本来の役割は、児童養護施設や障害者施設と同じ、老人福祉法に基づく社会福祉施設だからです。

「特養ホームは優遇されすぎだ」と言っているのではありません。

しかし、自宅で生活できない独居の認知症高齢者や重度要介護高齢者は、これからもどんどん増えていきます。その需要・ニーズに合わせて、個室で手厚い介護サービスを低価格で提供する特養ホームを作り続けることは、財政的にも人的にも一〇〇%不可能です。結果、運よく特養ホームに入所できた高齢者ばかりに手厚い介護資源が投入され、それ以外の民間の高齢者住宅や自宅で生活する人との間に大きな格差が生まれています。またそれが、民間の高齢者住宅の健全な成長・発展を妨げる大きな要因となっています。

そのため、②で述べた「前年度収入＋金融資産」の算定対象の変化に合わせて、特養ホームや老健施設の長期入所者に対する自己負担の上限は、介護付有料老人ホームと同程度、最大で二五～三〇万円に引き上げられることになるでしょう。

4　マイナンバー制度の目的は社会保障制度の抜本的改革

マイナンバー制度の運用やシステムに一部トラブルが発生しており、「カード返納」をおこなう人がでていますが、これは「健康保険証の代わりになる」という単純な話ではありません。

マイナンバー制度の目的は、社会保障制度の抜本的な改革です。そのポイントは、大きく三つあります。

①高齢者の診療や薬剤の重複を防ぐ

「マイナンバーと健康保険証の一体化によって、なりすましなどの不正利用を防ぐことができる」と言われていますが、それよりも金額的に大きいのが、診察や薬の重複です。医療情報が医療機関の間で共有されないため、一人の患者が同じ症状で複数の病院、診療所にかかり、そのたびに同じような検査を受け、同じような薬が処方されています。それが無駄な医療費を発生させるだけでなく、オーバードーズ（薬の過剰摂取）による健康被害を及ぼしています。

マイナンバー制度と健康保険証の紐づけの主たる目的は、この「医療重複の防止」です。

その先にあるのが介護保険証との紐付けです。これは国民健康保険や各種共済組合、協会けんぽなどに分かれている医療保険ほど複雑ではありませんから、早ければ二〇二五年には行われるでしょう。

②介護保険との紐づけによる自己負担の見直し

このマイナンバー制度による介護保険証と医療保険証の一体化によって行われるのが、医療費・介護費合算による自己負担限度額の細分化です。

現在、介護保険の自己負担は、六五歳以上の独居高齢者の場合、「年金収入＋その他の合計所得」が二八〇万円以上になると二割、三四〇万円を超えると三割負担となります。ただ、二八〇万円を基準にすると、二七九万円の人と二八一万円の人は、合計所得が年間二万円の差なのに対して、介護保険の自己負担は年間三〇〜四〇万円も変わってきます。いわゆる「二八〇万円の壁」です。

さらに、健康保険の自己負担も、別基準で複雑な計算が必要ですし、制度間の違いもありますから、「合計所得金額」という用語も含め、正確に理解するには社会保険労務士やファイナンシャルプランナーと同じレベルの保険や収入に関する詳しい知識が必要になります。

この不合理を調整するために、介護保険では「高額介護サービス費」、健康保険では「高額療養費」の制度があり、さらにこれを合算して世帯単位で一年間の医療介護の自己負担が高くなりすぎないようにする「高額介護合算療養費制度」もあります。それぞれ説明するのが嫌になるくらい複雑で、申告手続きも面倒ですし、その事務には相当の手間がかかり、また知らない人や手続きできない高齢者は放置されたままという、あまりにアナログで非効率、不公平で不親切な制度です。

これがマイナンバーカードに紐づけされることによって、前年度収入や金融資産、また健康保険・介護保険の自己負担が一元的に管理できるため、高額療養費や高額介護サービス費といった個別対応ではなく、申告がなくても自動的に限度額・負担額の算定が可能となります。

それによって、現在のような「介護保険一〜三割負担」「健康保険一〜三割負担」といった漠然とした利用者負担ではなく、前年度収入や金融資産に応じて、個別に負担限度額（医療＋介護）が細分化される方式になるでしょう。カードを返納した人は、何度も役所に通ってその減額の手続きをすべて自分でやるか、減額を受けられないということになります。

③社会保障制度の一元的管理・抜本的な改革

このマイナンバー制度の最終目的は、複雑に入り組んだ社会保障制度の統合・スリム化です。そのため、健康保険、介護保険だけでなく、年金番号や雇用保険番号、生活保護受給番号などもすべて紐づけ、一元化されることになります。そうしないと意味がないからです。

述べたように、現在の社会保障制度は、健康保険や年金だけでも複数の制度に分かれていますし、加えて、失業保険や労災保険などの労働保険、各種福祉施策や生活保護など、様々な制度が縦割りで重複・混乱しています。そのため、誰が、どのような種別・内容の社会保障をどの程度受けているのか、誰も一元的に管理していないのです。すべて性善説に基づいて個別に届け出されるのが前提となっているため、

「被保険者が不明の健康保険証が、様々なところで使われている」

「外国人労働者の家族が、健康保険で高額な医療を受けるために来日する」

「生活保護受給者や失業保険の受給者が隠れて働いている」

「本人が一〇年前に亡くなっているのに年金が支給されていた」

といった不正が頻発し、それがどのくらいの金額や件数になるのかも、把握できないのです。

「マイナンバーカードが健康保険証や運転免許証の代わりになる」という利便性の強化は、表面的な話でしかありません。マイナンバー制度は、社会保障制度の一元的管理、不正受給の摘発、応益負担から応能負担へ、制度の統合・スリム化など、これから始まる大改革すべてに関わってきます。「どうしてそんなに急ぐのか……」と言っている人がいますが、それは地域包括ケアシステムとも連動しており、これ以上先延ばしにする時間的余裕はないのです。

5　社会福祉法人と営利法人の役割の整理・分離

今でも、テレビや新聞などのマスコミ報道の多くで、「介護」と「福祉」という言葉が混同して使われています。それは介護保険制度がスタートするまで、高齢者介護は老人福祉法の中で福祉施策の一環として行われてきたからです。

しかし、二〇〇〇年に介護保険制度がスタートしたことで、高齢者介護は公助の社会福祉ではなく、医療と同じ共助を基礎とした社会保険制度として提供されることとなりました。老人福祉法は介護サービスだけでは対応できない、介護虐待やネグレクトなど要福祉高齢者を対象とした社会福祉の法律であり、「介護＝福祉」ではありません。

ただ、これは言葉上の混乱だけではありません。この介護保険と老人福祉の二つの制度に横たわる矛盾の修正も、社会保障制度の立て直しには不可欠なものです。

①社会福祉法人の福祉機能の強化・透明性の確保

「ゴミ屋敷となり近隣トラブルが発生しているが、本人が話し合いに応じない」

「目の周りにあざがあるなど長男の介護虐待が強く疑われるが、要介護の母親本人が庇う」

「親は認知症で徘徊、同居する娘がうつ病で自殺をはかる」

老人福祉の現場にいると、通常の契約に基づく介護サービスだけでは対応できない、胸が潰れるような難しいケースにたくさん出会います。それは、いまもどんどん増えています。介護保険制度の発足で、老人福祉の役割が小さくなったわけではありません。

社会福祉法人の役割は「介護サービスの提供」ではなく、介護保険だけでは対応できない「要福祉高齢者」への支援です。いま、社会問題となっているヤングケアラーも「介護サービスを利用すればよい」という単純な話ではなく、その背景にはシングルマザーや貧困、ＤＶ、保育とのダブルケアなど、外部からは見えにくい複合的な福祉課題が存在しています。

このような福祉ケースには、「正解」というものはありません。我慢強い対応、継続的な支援が必要で、解決までには時間もかかるため、効率性・収益性を重視する営利事業では対応できません。そのため社会福祉法人には、困難な福祉課題に対応する非営利事業として、高額の補助金支出や税制優遇が行われているのです。

しかし、その本来の役割を忘れ、「福祉も経営の時代」とばかりに、一般の営利法人と競うように介護サービス事業に傾倒している社会福祉法人が増えています。介護虐待やネグレクトなどの要福祉の高齢者には、行政措置による特養ホームへの緊急入所も残されていますが、「措置はトラブルになるから嫌だ」と受け入れを拒否する特養ホームも多いと聞きます。

また、一部の社会福祉法人は地方自治体の利権の温床となっています。理事長が地方議員、その妻や息子、天下り公務員が特養ホームの施設長や事務長となり、一〇〇〇万円以上という高額所得者も少なくありません。その給与・報酬の総額は全国で年間数百億円に上るとされています。そのしわ寄せで、介護や福祉に精通した経験豊かな有資格者の介護福祉士や社会福祉士の給与が上がらず、パソコンを見たり新聞を読んだりしているだけの素人施設長のもとで、業務負担だけが重くのしかかっているというのが現実です。

社会福祉法人は、営利目的の個人事業ではなく、公益性・公共性の高い事業として特別に認可された、地域福祉の拠点となる事業です。その本来の役割である福祉機能の強化や運営上の透明性の確保は必要不可欠です。

【社会福祉法人・老人福祉施設の機能強化】

- 独居認知症、介護虐待・ネグレクトなど要福祉高齢者への相談・対応の義務化
- 特養ホームの措置入所受け入れの義務化
- 介護福祉士、社会福祉士等の国家資格や経験年数に基づく理事長資格・管理者資格の義務化
- 社会福祉法人に対する天下りの禁止、理事長・施設長報酬の開示の義務化

②社会福祉法人と民間法人の役割の明確化

社会福祉法人が行うことのできる社会福祉事業は、「第一種社会福祉事業」と「第二種社会福祉事業」に分かれています。

老人福祉に関わる第一種社会福祉事業は、「特別養護老人ホーム」「養護老人ホーム」「軽費老人ホーム」などの入所系施設。第二種社会福祉事業は、「老人居宅介護等事業（訪問介護）」「老人デイサービス事業（通所介護）」「老人短期入所事業（ショートステイ）」「小規模多機能居宅介護事業」「老人福祉センター」などが挙げられます。このうち、第一種社会福祉事業は、社会福祉法人（または市町村）しか運営できませんが、第二種社会福祉事業の訪問介護や通所介護は、株式会社などの一般企業も営利事業として行うことができます。

ここで発生しているのが、第二種社会福祉事業における社会福祉法人と株式会社の運営格差です。

デイサービスを例に挙げると、社会福祉法人は事業税や法人税、固定資産税、さらには送迎車両にかかる自動車税まで非課税、もしくは減免されています。介護保険制度がスタートする前につくられたところは、数千万円の建設補助や、市から土地建物や車両が無償貸与されているところもあります。もちろん、これらは株式会社のデイサービスにはありません。

一方で、介護保険から受け取る報酬単価は、社会福祉法人も株式会社も同じですから、三〇名定員のデイサービスで比較すると、その収支差額は年間一〇〇〇万円以上になります。利益があっても社会福祉法人は非課税ですから、蓄えられた余剰金は一法人あたり三億円、全国で二兆円に上ると厚労省は発表しています。

これは利益率の差だけではありません。

今、特養ホームよりも不足している、利用できないと声が上がっているのがショートステイ（老人短期入所事業）です。このショートステイは、要介護高齢者本人のためというより、自宅で親や配偶者を介護している家族のレスパイト（休息・負担軽減）のために不可欠なサービスです。しかし、「体調が悪いので一週間だけ施設で介護してほしい」「急な法事でその間だけ利用したい」と思っても、数か月先までどこも予約で一杯、利用したくてもすぐには利用できないというのが現実です。

ただ、このショートステイは、第二種社会福祉事業です。

供給が足りないのであれば、株式会社が参入すればよいのですが、民間経営で稼働しているショートステイはほとんどありません。それは、社会福祉法人の運営するショートステイとの運営格差があまりに大きく、事業として成り立たないからです。

現在のショートステイの大半は、特養ホームに併設されているものです。「高額の建設補助」「事業税・法人税は非課税」「高い介護報酬」「手厚い介護看護体制」「別途厨房や送迎用の車両費は不要」など二重三重に優遇されています。これを株式会社が営利事業として行おうとすると、特養ホーム併設のショートステイの二倍以上の価格設定になりますから、どれだけニーズがあっても、この運営格差が壁になって増えないのです。

これは、「社会福祉法人は優遇されていてけしからん」「運営格差があるのは不公平だ」という単純な話ではありません。ただ、第二種社会福祉事業である訪問介護やデイサービスについては、社会福祉法人への補助金支出や車両の無償貸与、税制優遇の見直し議論はでてくるでしょう。また、社会福祉法人には、これまで以上に要福祉・困難ケースの対応強化や、収益性の低い僻地事業への参入を義務付けるといった対策が求められることになります。

【第二種社会福祉事業に対する運営格差の解消・整理】

- 社会福祉法人が行う第二種社会福祉事業に対する補助・優遇施策の見直し
- 社会福祉法人が行う第二種社会福祉事業に対する役割の明確化
- 収益性の低い民間事業者が参入しない地域・エリアでの介護サービス事業の実施

6 高齢者施設と高齢者住宅の整理・統合

「福祉と介護」と同様に、混乱しているのが高齢者の「施設」と「住宅」です。

テレビや新聞では、「介護施設」という言葉が使われていますが、法的な定義はなく、使っている人によってその中身はバラバラです。

現在の「高齢者の住まい」の種類を整理したものが図表3-4です。

施設群は、老人福祉施設の「軽費老人ホーム」「ケアハウス」「養護老人ホーム」、介護保険施設は「老人保健施設」「介護医療院」「介護療養型医療施設」などがあり、特養ホームはどち

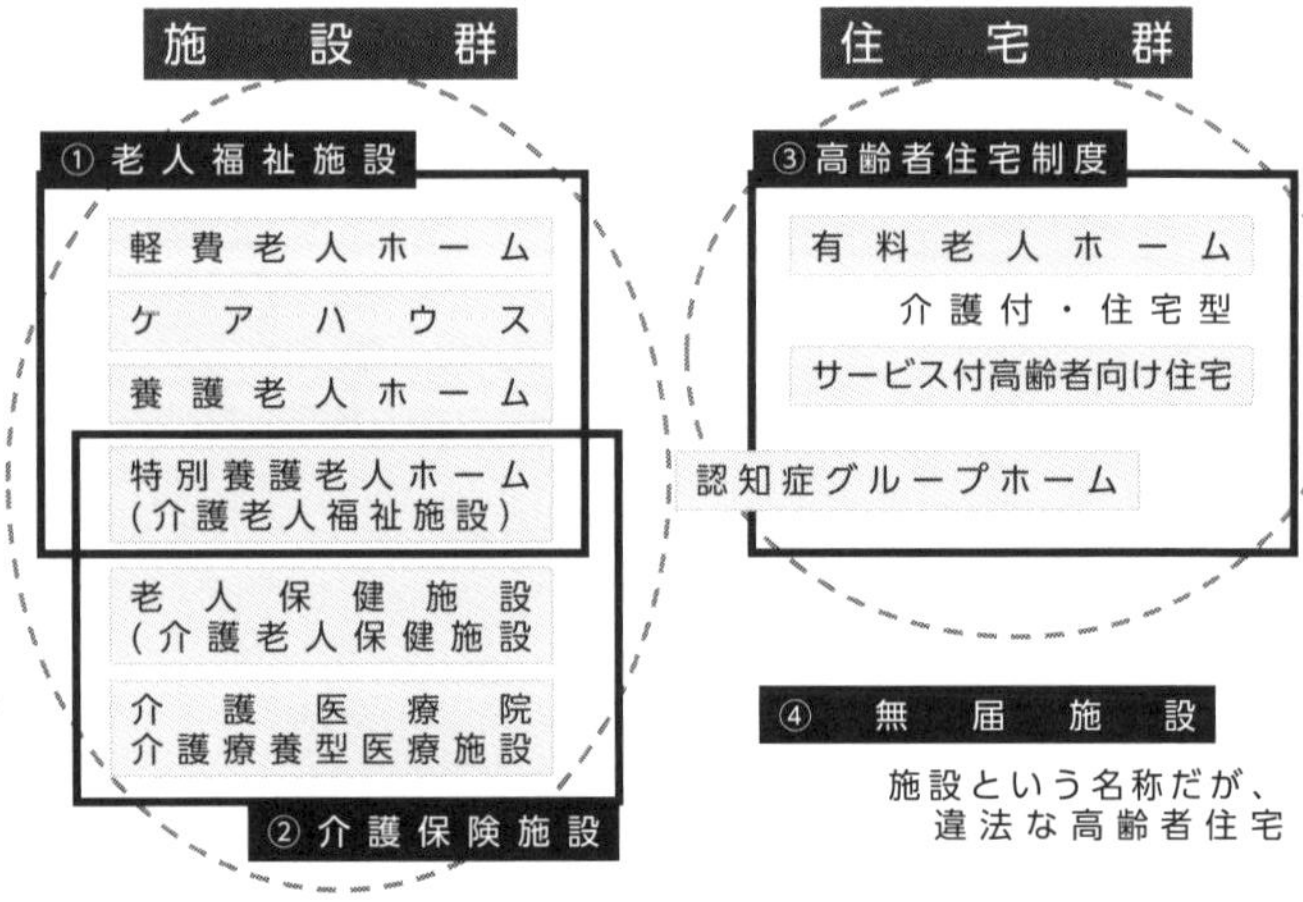

図表3－4　高齢者を対象とする施設・住宅一覧

らにも当てはまります。特別養護老人ホームは老人福祉法上の名称で、介護老人福祉施設というのは介護保険法上の名称です。

一方の民間の高齢者住宅には、有料老人ホームとサービス付き高齢者向け住宅（サ高住）があり、介護サービスの提供方法の違いによって「介護付・住宅型」に分かれています。認知症グループホームは対象者や定員数などが規定されている一方、営利事業としても運営できるため「半分住宅、半分施設」といったところでしょうか。無届施設というのは、「施設」という言葉がついていますが、これは必要な届け出や登録を行っていない違法な民間の高齢者住宅です。

「老人ホームや高齢者住宅には、たくさん種類があってよくわからない」という声が多いのは、それぞれの制度や基準について説明できて

	一日あたり単価	一か月(30日)	備考
介護付有料老人ホーム	807単位	242,100円	
認知症グループホーム(2ユニット)	844単位	253,200円	
特養ホーム(多床室)	847単位	254,100円	補助金・非課税
特養ホーム(全室個室ユニット型)	929単位	278,700円	補助金・非課税
特養ホーム(地域密着型ユニット)	942単位	282,600円	補助金・非課税
老人保健施設(多床室)	1003単位	300,900円	補助金・税制優遇
老人保健施設(ユニット型)	1009単位	302,700円	補助金・税制優遇
介護療養型医療施設(多床室)	1198単位	359,400円	補助金・税制優遇
介護医療院(多床室Ⅱ型)	1249単位	374,700円	補助金・税制優遇
住宅型有料老人ホーム・サ高住		362,170円 (+13,980円)	サ高住は 補助金・税制優遇

図表3-5　現在の施設・住宅の対象と介護報酬の違い

も、なぜそれだけたくさんの種別、施設に分かれているのか、その必要性が説明できないからです。

それは「意味がない」という話ではありません。

自立度の高い高齢者を対象とする老人福祉施設の「軽費老人ホーム（ケアハウス含む）」「養護老人ホーム」以外の施設・住宅では、そのほとんどが要介護高齢者を対象としています。

ただ、それぞれの施設・住宅種別によって介護報酬や補助制度は違います。

例えば、要介護5の入居者に対する介護付有料老人ホームの一か月（三〇日）の介護報酬は二四万円程度ですが、認知症グループホームだと二五万三〇〇〇円、ユニット型特養ホームでは二七万八〇〇〇円、老人保健施設だと三〇万円、住宅型有料老人ホームやサ高住の入居者に適用する区分支給限度額は三六万円に加えて、ケアマネ費用（居宅介護支援）が加算されるので、三七万六〇〇〇円と最も高額です。加えて、社会福祉法人は非課税、医療法人にも税制優遇がありますし、特養ホームや老健施設、サ高住には数千万円から数億円の建設補助が拠出されています。

つまり、同じ要介護5の高齢者が、どの種別の施設・住宅に入所・入居するかによって、受けられる社会保障の恩恵に大きな差があるということです。だから、たくさんの補助金を受けている介護保険施設や、介護付有料老人ホームの一・五倍以上の介護報酬を受けられる住宅型有料老人ホーム、サ高住は圧倒的に自己負担が安いのです。「高齢者施設、高齢者住宅には高額の社会保障費がかかる」となっているのは、この制度矛盾や役割の混乱が原因なのです。

この「高齢者の住まい」に関する制度の方向性は、大きく分けて三つあります。

①介護保険施設の一元化

高齢者向けの施設が整備された当初は、特養ホームは社会的弱者のための「要介護＋要福祉」、老健施設は「要介護＋在宅復帰」、介護医療院・介護療養型医療施設は「要介護＋要医療」とそれぞれに役割が明確にされていました。しかし、現状、多くの対象者は重なっています。述べたようにユニット型特養ホームは、低所得・要福祉高齢者の施設ではなくなっていますし、入院から自宅に戻るためのリハビリ等の中間施設と呼ばれた老健施設も長期入所となっているところが多く、対象者は特養ホームと同じです。介護医療院と介護療養型医療施設も、「廃止だ、統合だ、老健に一本化だ」と、名称を替えながら政治的な迷走を続けています。

いまや、介護保険施設が分かれている理由は、一つも見出せません。今後、介護保険施設の介護報酬は一本化される可能性が高く、在宅復帰のためのリハビリ、医療依存度の高い高齢者については、個別施設・個別入所者に対する報酬加算で対応することになるでしょう。

②介護保険施設の在宅支援機能の強化

述べたように、現在、絶対的に不足しているものがショートステイ・ミドルステイです。

ショートステイの目的は、家族の介護負担の軽減です。利用期間は一週間から二週間程度。「月初めに一週間」「二か月に一度」と定期的に利用する人や、冠婚葬祭などで家族が一時的に介護できない時のために利用されています。

一方のミドルステイは、三～六か月程度の利用です。こちらは、「脳梗塞で重度要介護となり自宅で生活できなくなった」「介護していた家族が骨折して入院した」など、中長期的に生活環境を大きく見直す必要がある場合、その検討や環境整備の時間的余裕を確保するために利用するものです。

どちらも、自宅で生活している要介護高齢者や家族がいざというときに困らないために、またできるだけ長く自宅で生活を続けるためにも不可欠なサービス・機能です。

この介護保険施設の在宅支援機能の強化は、「介護保険施設の公平な運用」「高齢者住宅との役割の分離」という視点から不可欠なものです。述べたように、特養ホームや老健施設（長期）の入所者と、在宅で生活する重度要介護高齢者との社会保障の格差は大きくなっています。介護保険施設を作り続けることはできませんから、「運よく入所できた人だけの施設」ではなく、長期入所施設の機能を在宅高齢者にも恩恵があるように広く開放し、その利用の公平性を図る必要があります。

施設の本来の役割は「終の棲家」ではなく、病院と同じように、あくまでも一時利用のものです。そのため「ショートステイ」「ミドルステイ」については、利用価格を抑え、その期間を超えると民間の高齢者住宅に移ってもらう、もしくは民間の高齢者住宅と同程度の費用負担になるといった、制度全体の公平性・効率性が求められることになります。

③高齢者住宅の制度の統合・介護報酬の一本化

もう一つが、高齢者住宅の統合です。

現在、民間の高齢者住宅には、厚労省系の有料老人ホームと国交省系のサービス付き高齢者向け住宅（サ高住）がありますが、二つの制度・基準に分かれている理由、そのメリットは何一つありません。補助金・利権目的の縦割り行政の極みともいえる制度矛盾によって指導監査体制は崩壊、その歪みで違法な無届施設や違法行為が蔓延し、高齢者住宅業界は大混乱しています。

これは、高齢者住宅に適用される介護報酬も同じです。

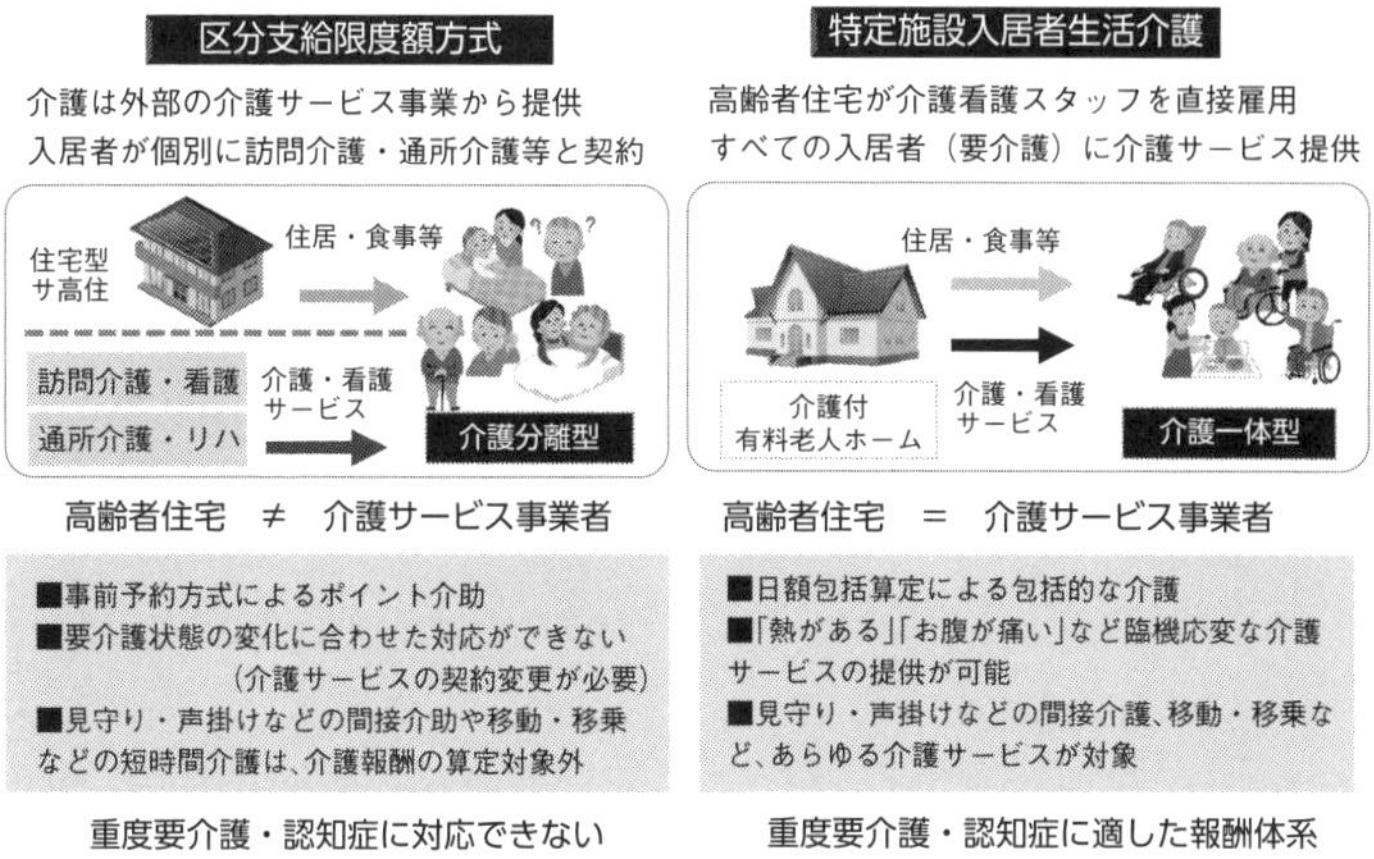
区分支給限度額方式
介護は外部の介護サービス事業から提供
入居者が個別に訪問介護・通所介護等と契約
住宅型
サ高住
住居・食事等
訪問介護・看護
通所介護・リハ
介護・看護
サービス
介護分離型
高齢者住宅　≠　介護サービス事業者
■事前予約方式によるポイント介助
■要介護状態の変化に合わせた対応ができない
（介護サービスの契約変更が必要）
■見守り・声掛けなどの間接介助や移動・移乗などの短時間介護は、介護報酬の算定対象外
重度要介護・認知症に対応できない
特定施設入居者生活介護
高齢者住宅が介護看護スタッフを直接雇用
すべての入居者（要介護）に介護サービス提供
住居・食事等
介護付
有料老人ホーム
介護・看護
サービス
介護一体型
高齢者住宅　＝　介護サービス事業者
■日額包括算定による包括的な介護
■「熱がある」「お腹が痛い」など臨機応変な介護サービスの提供が可能
■見守り・声掛けなどの間接介護、移動・移乗など、あらゆる介護サービスが対象
重度要介護・認知症に適した報酬体系

図表3－6　特定施設入居者生活介護と区分支給限度額方式の違い

高齢者住宅に適用される介護報酬は、高齢者住宅が介護サービス事業者としての指定を受け、直接介護スタッフを雇用して提供する「特定施設入居者生活介護」と、自宅と同じように外部の介護サービスを利用する「区分支給限度額方式」に分かれています。前者の指定を受けた有料老人ホームを「介護付有料老人ホーム」、後者を「住宅型有料老人ホーム」と言います。サ高住も同様に「介護付・住宅型」に分かれるはずですが、そのほとんどは区分支給限度型方式です。

「高齢者住宅は施設ではないので、自由に介護サービスを選択できる区分支給限度額の適用が原則だ」という識者は多いのですが、訪問介護・通所介護などの外部事業者との個別契約では、介護の空白時間が生まれることや、見守り・声掛けといった間接介助、日々の体調変化に合わせた臨機応変な介護ができないため、重度要介護・認知症高齢者には対応できません。特にサ高住は、生活相談や食事サービス、安否確認、ケアマネジメントなど、すべての生活支援サービスがバラバラに契約・提供されるため、サービス提供責任が曖昧・不安定となり、要介護高齢者の住まいとしては好ましい形態ではありません。

高齢者住宅といっても、「自立向け住宅」と「要介護向け住宅」は基本的に全く違うものです。要介護高齢者、特に、これから一気に増える重度要介護、認知症高齢者に対応するには、特定施設入居者生活介護を土台とした介護システムが必要です。

しかし、この一〇年で介護付は七万室程度しか増えていないのに対し、住宅型は二〇万室、サ高住は二四万室増となっています。また、ほとんどの住宅型有料老人ホームやサ高住で「介護が必要になっても、認知症でも安心・快適」とセールス・説明していますが、そもそも、介護サービスを提供していませんから、「看板に偽りあり」どころの話ではありません。

なぜ、こんなことになっているのか。

それは、区分支給限度額方式の方が、受け取る介護報酬が多いからです。

述べたように、要介護5の一か月の特定施設入居者生活介護（介護付有料老人ホーム）の介護報酬は二四万円程度ですが、住宅型有料老人ホームやサ高住の入居者に適用する区分支給限度額は三七万円です。人員配置を考えると実際の収益の差額は一人当たり一か月一六～一七万円になります。介護付有料老人ホームではなく、「住宅型有料老人ホーム＋訪問介護」にするだけで、同じ要介護状態の高齢者が同じような介護サービスを受けても、事業者が受け取る介護報酬差は一・五倍、年間一人当たり二〇〇万円以上になるのです。

この制度矛盾は、後述する要介護認定の改竄や囲い込みなどの不正の温床にもなっています。今後、「有料老人ホーム・サ高住の高齢者住宅制度の統合」「高齢者住宅に適用される介護報酬の一本化」に向けて検討が行われることになります。

7　要介護認定調査の厳格化

介護保険制度の土台となるのが、介護の必要度を判定する「要介護認定」です。

この要介護認定とは、その人の身体機能・認知機能から「介護サービスの必要量」を判定するもので、要支援1・2、要介護1～5の七段階に分かれています。在宅で暮らす高齢者の場合、要介護度が重くなれば、訪問介護や通所介護などのサービス利用の限度額が増えますし、介護保険施設や介護付有料老人ホーム、認知症グループホーム等では、一日当たりの報酬単価が高くなります。

この要介護度の認定は、認定調査員による「訪問調査票」と、かかりつけ医による「意見書」を合わせて、各市町村に置かれた「介護認定審査会」で行われます。

現在の要介護認定の課題は、二つあります。

一つは、認定のばらつきです。

介護保険制度がスタートした当初、ダミーとして潜り込ませた同じ「訪問調査票」「意見書」を複数の審査会で認定させたところ、その判定結果がA審査会では要介護1、B審査会では要介護3、C審査会では要介護4と認定されるなど、大きなばらつきがあることがわかりました。今は、コンピュータで一次判定が行われ、それを基準とした認定が行われることになっていますが、これからはAIの導入などによって、より平準化が図られることになるでしょう。

もう一つ大きな問題になっているのは、認定調査の操作・改竄です。

この要介護認定は、「認定調査員」と「かかりつけ医」という独立した二人の専門職の視点で、介護の必要度の調査を行うということが土台となっています。

しかし、介護保険施設や高齢者住宅に入居すると、そこで勤務しているケアマネジャーが調査票を作成し、その施設・住宅に出入りしているかかりつけ医が意見書を書くことになります。このケアマネジャーもかかりつけ医も、要介護度が重く判定されると、その所属する施設・住宅の収入があがるという利害関係者です。施設のかかりつけ医の中には、本人と面談もせず、「現場のケアマネジャー、介護スタッフの意見をそのまま意見書に書く」という人も多く、「別の二人の視点で判定する」という本来の手順から完全に外れています。

「自宅では自立なのに、高齢者住宅に入居するといきなり要介護2になった」

「『次の認定調査では要介護3にしてよいか』とケアマネジャーから電話があった」

そんな声もよく聞きます。介護認定審査会の委員を四年間していた筆者から見ると、一部の高齢者住宅の入居者は、実態よりも二段階、三段階重く改竄されています。

これは当て推量で言っているわけではありません。

NHKのサ高住（大手）の特集で紹介された入居者のケース。

七〇代と思しき女性。和装でおめかしをして、ディレクターやカメラマンに自分の部屋で作ったというきゅうりの漬物を「おひとつどうぞ」と笑顔で振るまっています。買い物が好きだと言い、近くのスーパーで、食材やお菓子を一つひとつ吟味しながら腕に下げた買い物かごに入れていきます。普段の生活でもよく見る風景です。

違うのは、後ろから訪問介護員が付き添っているということ。「重たいようでしたら、お持ちしましょうか?」との声に、「じゃあ、持ってもらおうかしら」と買い物かごを渡します。「買い物などは訪問介護が利用できます」というナレーションが流れます。

この女性は「要介護度2」だと言います。

本来の要介護2の状態は、「支えがないと立ち上がったり、歩いたりできない状態」「食事や排泄などで部分的に介助が必要となる状態」であることを考えると、この女性は要支援でもありません。間違いなく自立です。

厳しい言い方をすれば、この入居者を「要介護2」としてテレビに出てもらうことに疑問を抱かないほど、この事業者では当たり前に改竄が行われているということです。

要介護認定の改竄は間違いなく違法行為ですが、表面化することはありません。家族や本人からすれば、自分の意思で決まるものではありませんから、「どうして急に重くなったんだろう?」「でも介護サービスがたくさん使えるからいいか……」という程度の話ですし、介護経営者の中には「利用者も家族も事業者も喜んでいる、何が悪いのか」という人もいます。

しかし、区分支給限度額の場合、自立の人が要介護2に認定されれば、その介護報酬の差額だけで月額二〇万円、要介護2が要介護5に改竄されれば一六万円です。現在、第一号被保険者、第二号被保険者の介護保険料の平均は六〇〇〇円台前半ですから、その高齢者一人で保険料二五～三三人分に相当します。

もちろん、これは一人だけではありません。その高齢者住宅の入居者五〇人に同じような改竄が行われているとすると、その差額だけで月額九〇〇万円、年間一億円に上ります。すべての事業所で不正が行われているわけではありませんが、現在の要介護高齢者数は七〇〇万人、不正が多いとされる高齢者住宅で暮らす高齢者だけでも八〇万人にのぼります。全国でこの改竄による差額だけで、数兆円規模、日本の総介護給付の一～二割になると言われています。

このような操作・改竄を放置していれば、どれだけ保険料を値上げしても財政が悪化するのは当然です。今後、介護保険対象が要介護3以上に限定されると、要介護3以上の認定が増えると懸念されていますが、それを防ぐためにも認定調査の厳格化は必須です。

【要介護認定調査の厳格化】

・介護保険施設・高齢者住宅への入所者入居者への認定調査は市町村で行う

・認定調査は、担当ケアマネジャー以外が行う

・骨折や脳梗塞などの原因がないのに、通常の更新申請で要介護認定が2以上、重くなる場合には、改めて市町村の担当者が確認を行う

8　独立ケアマネジャー事務所への支援

最近「介護の仕事はブラックだ」という声をよく聞きますが、介護業界の中でも、その高い専門性に反して、もっとも不遇の身におかれているのがケアマネジャーです。

ケアマネジャー（介護支援専門員）は、本人・家族から要介護状態や生活希望を聞き取り、アセスメントと呼ばれる生活上の課題分析やケアプラン原案の作成を行い、介護看護サービス事業者との調整、関係者を集めてのケアカンファレンスの実施、適切に介護サービスが提供されているのかのモニタリング、要介護認定の更新・変更申請など、その業務は多岐にわたります。医療でいえば「診察」「診断」「治療方針の策定」「インフォームドコンセント」「治療経過の観察・治療方針の見直し・変更指示」までを含む、医師にしか認められていない、その専門性の中核となる仕事です。

ケアマネジメント業務		
	インテーク面接	要介護高齢者・家族との面談・聞き取り・説明
	アセスメント	現在の生活上の課題の分析、必要サービスの検討
	ケアプラン原案作成	介護サービス計画書の原案の作成
	ケアカンファレンス開催	原案をもとにサービス担当者・関係者を集めて会議
	ケアプランの修正・合意	会議をもとに、ケアプランを修正、全担当者で合意
	ケアプランの交付	家族にケアプランの内容を説明し、交付
	モニタリング	ケアプランに基づき介護サービスが提供されているか、生活課題が改善されているかをチェック・モニタリング
	ケアプランの修正	モニタリングに基づいて、ケアプランを修正
介護保険の給付管理		サービス利用表の作成、実績確認。介護給付費の請求
要介護認定の申請代行		要介護認定・更新・変更の申請代行
要介護認定の訪問調査		要介護認定の「訪問調査票」の作成

図表3－7　ケアマネジャーの業務（一覧）

ケアマネジャー（介護支援専門員）は国家資格ではありませんが、その業務を行うには、介護福祉士、社会福祉士、看護師などの医療看護介護等に関わる有資格者で、かつ五年以上の実務経験が必要です。合格率は一〇～二〇％という難関資格で、合格後も五年毎の更新研修を受けなければなりません。介護に関わる行政手続きや福祉的支援、医療との連携、さらには要介護状態や体調変化によるサービス変更など、様々な知識と臨機応変な対応が求められる高度に専門的な仕事です。

その一方で、いま、このケアマネジャーの業務が不正の温床になっています。

述べた認定調査の操作・改竄は、高齢者施設・高齢者住宅だけでなく、一部の在宅サービスでも見られます。それは要介護度が重くなれば、それだけたくさんの介護サービスを利用してもらえるため、介護サービス事業者の収入につながるからです。本人や家族の意向を無視して、区分支給限度額一杯まで毎日デイサービスに行かせる、訪問介護しか利用させないなど特定事業者への利益供与ではないかと疑われるケアマネジャーもいます。

医療でも、医師の診察・診断が間違っていれば、手術や投薬をしても怪我や病気は治りません。同様にケアマネジメントが適切に行われていなければ、介護サービスを提供しても生活改善にはつながりません。これらは、信頼してその業務を委託している高齢者・家族を裏切るだけでなく、高い専門性の価値をみずから棄損する、恥ずべき行為です。

しかし、このような認定調査の操作や特定事業者への利益供与を行っても、ケアマネジャーの給与や待遇が変わるわけではありません。それどころか、不正が発覚した場合、ケアマネジャーの資格だけでなく、その土台となる介護福祉士や看護師などの国家資格も剥奪されます。最悪の場合、詐欺罪などの刑事罰や数千万円という莫大な金額の返還請求を個人で受ける可能性もありますから、みずから不正に加担する理由など何一つありません。

ではなぜ、ケアマネジャーによる隠蔽や改竄、利益供与などの不正が横行しているのか。

それは、ケアマネジメントに対する介護報酬があまりに低いため、独立してケアマネジメントを行うことができないからです。現在の居宅介護支援事業所は、ほとんどが独立経営ではなく、訪問介護や通所介護、高齢者住宅など、介護サービスの実務を提供する事業者に併設されています。そのため、経営者の指示によって、同一法人・系列法人の運営する介護サービス事

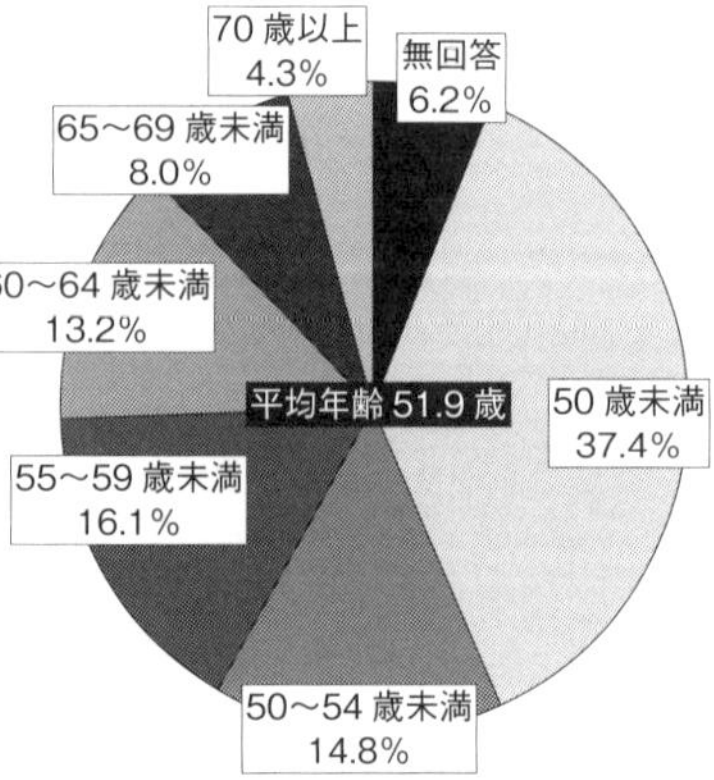

介護労働安定センター調べ

図表3-8　介護支援専門員（ケアマネジャー）の年齢構成

業に、不正・不適切な利益供与を行わざるを得ないのです。

「ケアマネ事業は赤字だが、系列の訪問介護や通所介護に誘導してもらうために必要」

「営利事業だから、自前のサービスを利用するように要介護高齢者に働きかけるのは当然」

「認定調査で重度要介護になるように調査票を書けとケアマネに指示している」

実際、ケアマネジャーが介護サービスのセールスマンかであるかのように話す介護経営者は少なくありません。高い専門性、重い責任を負う一方で、介護業界でケアマネジャーの地位は低く、努力をして二〇代、三〇代でケアマネジャーの資格を取っても、「こんな不正をするためにケアマネになったんじゃない」と介護業界に絶望し、介護の仕事を辞めてしまうのです。

介護労働安定センターの調べによると、五〇歳未満のケアマネジャーは全体の三七％、五〇歳以上が六割、四人に一人は六〇歳以上です。介護保険制度の根幹となる職種であるにもかかわらず、「介護腰痛になったから仕方なく……」という人も多く、「ケアマネジャーになりたい」と話す若いスタッフはほとんどいません。

結果、「どこでもやっているから……」と自らの専門性、プライドを捨てたケアマネジャーが増え、生活課題改善のためのケアマネジメントではなく、利益誘導のケアプラン・介護サービスが横行、それが要介護高齢者の生活を破壊するだけでなく、ケアマネジャーの報酬の数十倍、数百倍の莫大な社会保障費の浪費、不正流用につながっているのです。

ケアマネジメント費用に対する自己負担の導入と併せて、ケアマネジメントの専門性が担保できるように、介護サービス事業所に属さない独立ケアマネジャー（居宅支援事業所）に対しては、現在の一・五～二倍程度の介護報酬を設定すべきです。そうすれば、報酬アップによる増加分の数十倍、数百倍の介護費用を削減できるはずです。

介護というのは専門性の高い仕事であると同時に、高い倫理観が必要です。また多くの介護スタッフは、給与や待遇よりも「要介護高齢者や家族の役に立ちたい」と志望しています。専門職種としての誇りをもって「ケアマネジャーをやりたい」という若い介護人材を増やさない限り、介護の質は高まらず、「介護のプロになりたい」という人も増えないのです。

9　囲い込み不正に対する規制強化・不正に対する罰則の強化

介護保険制度によって、非営利の社会福祉法人に限定されていた高齢者介護が、介護サービスとして営利事業に開放された最大の理由は、民間のアイデアや創意工夫によって、限られた財源、人材の中で質の高いサービスを効率的・効果的に提供するためです。ただし、それは一般のサービス業ではなく、「公的な社会保険制度に基づく営利事業」という他に類例のない極めて特殊な事業です。健全な市場原理に基づく事業者間競争・サービス競争を行ってもらうには、介護保険利用における厳格なルール・規定が必要です。

しかし、厚労省や国交省は、利権、権益争いで「質より量」とばかりに参入障壁を低くしたのと同時に、「民間契約だから自己責任」と指導監査を実質的に放棄してしまいました。その結果、コンプライアンスの意識の低い事業者が大量に参入し、グレーゾーンのビジネスモデルが横行、いまや業界全体が、「制度矛盾をいかに見つけるか」「医療介護費用をどうすれば上手く活用して、少ない介護人材で高い報酬を得られるか」「どうすれば上手く改竄・隠蔽できるか」という競争になっています。

その不正の温床になっているのが、低価格の住宅型有料老人ホームやサ高住、無届施設で行われている「囲い込み」と呼ばれる手法です。

特定施設入居者生活介護

サービス管理	生活相談サービス
ケアマネジメント	介護看護サービス

	介護報酬（30日）
要介護1	16,140単位
要介護2	18,120単位
要介護3	20,220単位
要介護4	22,140単位
要介護5	24,120単位

報酬の中身

介護報酬

重くなるほど差額が大きい

区分支給限度額方式

介護看護サービスのみ

	区分支給限度額（1ヶ月）
要介護1	16,765単位
要介護2	19,705単位
要介護3	27,048単位
要介護4	30,938単位
要介護5	36,217単位

図表3－9　特定施設入居者生活介護と区分支給限度額方式の介護報酬

高齢者住宅に適用される介護報酬には、介護付有料老人ホームの「特定施設入居者生活介護」と、住宅型やサ高住で適用される「区分支給限度額方式」に分かれると述べました。

この二つの介護報酬に大きな差があるのは、介護の効率性の違いによるものです。

区分支給限度額方式は、自宅で生活する高齢者に適用される介護報酬です。要介護度別の区分支給限度額を上限として、訪問介護・訪問看護・通所介護など利用した介護サービスの内容と回数で計算される「出来高算定方式」と呼ばれるものです。自宅で暮らす高齢者の多くは、区分支給限度額全額を利用しているわけではなく、その利用割合は四割から六割にとどまりますし、訪問介護や通所介護、訪問看護など複数の介護サービス事業者に分散しています。

また、訪問介護の場合、一軒一軒自宅に訪問するための移動時間が必要ですし、次の訪問までの手待ち時間も発生します。一人の訪問介護員が一日に訪問できるのは八人程度が限界で、介護報酬の算定ができるのは四～五時間程度と、勤務時間の半分しかありません。

その非効率性を加味して、介護報酬は高く設定されているのです。

一方、特定施設入居者生活介護は、特養ホーム等の介護保険施設と同じく、その高齢者住宅で生活した日数で計算される「日額包括算定方式」と呼ばれるものです。要介護高齢者が集まって生活していれば、移動時間や手待ち時間がないため、少ない人数の介護スタッフで効率的・効果的に介護できます。その効率性を加味して介護報酬は抑えられているのです。

囲い込みは、この報酬差額を利用して、「住宅型有料老人ホームやサ高住は、アパートやマンションと同じ一軒一軒の自宅だから」と区分支給限度額方式を適用し、同一法人・系列法人で運営する訪問介護・通所介護等を、入居者に限度額一杯まで利用させることで利益を上げる手法です。

移動時間も手待ち時間もありませんから、一人の訪問介護員が二〇人以上の部屋に訪問し、通常の訪問介護の二～三倍の介護報酬を算定できます。事業全体でみると、要介護5の高齢者であれば、介護付有料老人ホームと比べて受け取れる介護報酬の差額は年間二〇〇万円、五〇人の入居者がいれば一億円規模になります。それが、一部の住宅型有料老人ホームやサ高住、無届施設が介護付有料老人ホームよりも圧倒的に低価格である理由です。つまり、自己負担は安くても、その差額を介護報酬に付け替えることによって、介護付と比較にならないほどの高収益のビジネスモデルができるのです。

この違いを考えれば、高齢者住宅の入居者に、自宅と同じ区分支給限度額方式の適用をさせるのはおかしいと思うでしょう。

しかし、識者の中にもこの囲い込みを擁護する声は少なくありません。

「高齢者住宅は施設ではないから、住宅サービスと介護サービスの分離が原則」

「併設の訪問介護、通所介護を使うことは不正ではない」

「実際に訪問介護や通所介護を利用しているのだから、不正とは言えない」

「家族や入居者はケアプランにサインをして納得しているのだから、不正ではない」

「低価格で利用者も嬉しいし、事業者も利益がでるウインウインの関係だ」

実際、この囲い込みを指南した書籍も多数発売されています。確かに、現行法上、完全に不正だとは言い切れませんが、極めて濃いグレーゾーンであることは間違いありません。

・月額費用（家賃・食費・その他サービス費）を含めて一八万円以下の住宅型・サ高住

・要介護高齢者のみ、特に重度要介護高齢者を対象としている

特に、この二つの要件に当てはまる高齢者住宅の多くは、「認定調査の操作・改竄」や「ケアマネジメントの不正による特定サービスの強制利用」を前提にしてビジネスモデルが組み立てられています。

家賃や食費を原価程度かそれ以下に抑えているため、自立高齢者だけでは入居率が一〇〇%になっても赤字になります。要介護状態が重くなればなるほど、たくさん介護サービスを使わ

要介護認定調査の不正	要介護認定が重くなるように調査票を操作・改竄
ケアマネジメントの不正	アセスメント（生活課題の分析）を行っていない 限度額一杯まで利益誘導型の介護サービス強制利用 家族へのケアカンファレンスを行っていない
介護サービス実施の不正	ケアプランに基づいて介護サービスを提供していない
介護給付管理の不正	提供していない介護サービスでも報酬だけ請求

不正に搾取される介護報酬は年間数兆円規模に……

図表3－10　囲い込み型高齢者住宅で横行する不正

せることができるのですから、自立・要支援の高齢者は要介護に、軽度要介護の人は重度要介護に仕立て上げなければなりません。

また、他の事業所の介護サービスを利用されると利益がでないため、「系列のサービスだけ、限度額一杯まで強制利用」、入居者個別の生活課題や生活ニーズに合わせた介護ではなく、「事業者の最も利益が出る介護」が優先されることになります。

要介護2の人がサ高住に入ると要介護5となり、限度額いっぱいまで毎日デイサービスを強制的に利用させられ、「今日は部屋で寝ていたい」と言うと「デイサービスのベッドで寝ろ」と言われる。夜間に排泄を失敗しても誰もケアする人がいないので、下着が汚れたまま朝まで放置されています。

さらに、一部事業者では、書類上、介護サービスを提供したことにして、報酬請求だけ行うという詐欺行為も横行しています。その結果、適切なサービスを受けられなかっ

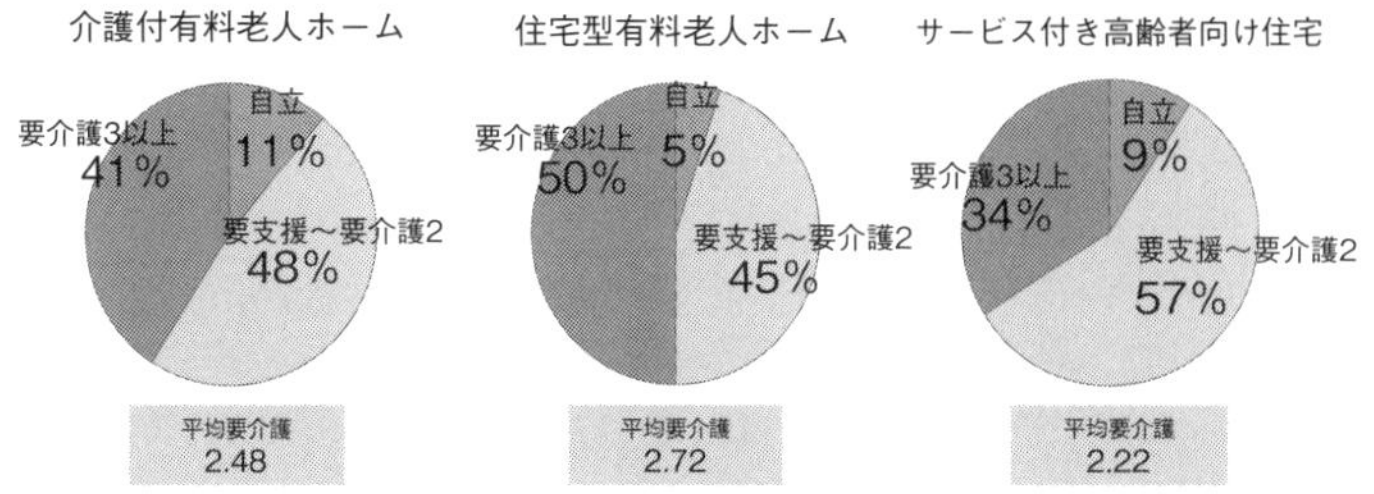

「福祉施設・高齢者住宅データベース 2019 年度版」より作成
（株式会社 TR データテクノロジー）

図表3－11　高齢者住宅別・要介護度別　入居割合

た要介護5の重度要介護高齢者が、入浴中に放置され溺水するという悲惨な事故まで発生しています。

　これは一部の悪徳高齢者住宅だけではありません。述べたように、サービス提供体制がバラバラで介護の空白時間が多い区分支給限度額方式は、重度要介護、認知症高齢者の介護には適していません。しかし、いまや住宅型有料老人ホームでは、その入居者の半数が要介護3以上の重度要介護高齢者と、平均要介護度でも介護付有料老人ホームを上回っています。自立向け住宅として整備されたサ高住でも、九割が要介護認定を受け、三分の一が要介護3以上の重度要介護です。

　さらに、この囲い込みは介護だけでなく、医療にも拡大しています。自宅では「月に一度、高血圧のお薬をもらいに行くだけ」だった高齢者が、高齢者住宅に入居すると、歯科や眼科、整形外科、精神科などの複数の医療機関を受診させられる、入居者ほぼ全員が、毎月三～四か所の決められた医療機関の診察を強制的に受けさせられる、というところもあります。

住宅型やサ高住の大手といわれる高齢者住宅事業者でも、その一部はこの不正な囲い込みに手を染めています。コンプライアンスを遵守し真面目に運営している介護サービス事業者が経営悪化に苦しむ中でも、株式上場を果たし、毎年のように最高売上、最高収益を更新、数をどんどん増やしています。

その不正に搾取された莫大な金額の社会保障費は、介護スタッフへの待遇改善や入居者の生活環境に生かされることなく、一部の経営者や投資ファンドに配当として流出しているのです（詳しくは拙著『高齢者住宅バブルは崩壊する』花伝社、参照）。

二〇二三年、最大手の中古車販売会社ビッグモーターと損保ジャパンの間で行われていた、自動車保険（損害保険）制度の根幹を揺るがすような数々の不正が明らかになりましたが、その仕組み・からくりは、「囲い込み高齢者住宅」も同じです。

それどころか、医療介護は要介護高齢者の生活や人権、生命に直結するサービスであること、判断力の低下した契約弱者の要介護高齢者を対象としていること、家族も「介護のプロの言うことだから……」「出て行けと言われると困る」と断われないこと、さらに、搾取されているのは全国民から徴収する税金や社会保険料であること、その被害額は数兆円規模に上ることを考えあわせると、その悪質性はビッグモーターの比ではありません。

①高齢者住宅は「特定施設入居者生活介護」に集約

この囲い込みの制度的課題は、高齢者住宅の入居者に報酬単価の高い「区分支給限度額方式」が適用されていることだけではありません。高齢者住宅事業者が「介護が必要になっても安心・快適」「重度・認知症にも対応可」とセールスしていても、骨折や誤嚥による死亡などの重大事故が起きれば、「介護は外部サービス事業者との個別契約なので高齢者住宅は無関係」「不正は外部の訪問介護やケアマネジャーが勝手にやったことなので高齢者住宅は無関係」とサービス提供責任を曖昧にして、逃げ出してしまいます。ひどい話だと思うかもしれませんが、契約上は不正も事故も高齢者住宅は無関係です。

そのため制度改正によって、要介護高齢者を対象とする高齢者住宅の介護報酬は「特定施設入居者生活介護」に集約されることになるでしょう。

ただそれは、すべての高齢者住宅が、いまの介護付有料老人ホームと同じ介護システムになるということではありません。この「特定施設入居者生活介護」は、いまの介護付有料老人ホームのように、老人ホームが直接、介護看護スタッフを雇用して介護サービスを提供する「一般型」と、高齢者住宅の責任で外部の訪問介護や通所介護に委託して介護サービスが提供される「外部サービス利用型」という二つのタイプに分かれます。

「外部サービス利用型」でも、その報酬の上限額はいまの「一般型」とほぼ同じですし、その高齢者住宅の責任で介護サービスを外部委託しているのですから、事故やトラブル、不正が発生した時も、入居者・家族に対する責任は、当該高齢者住宅が負うことになります。

同じサービスを提供するのであれば、同じ介護報酬になるということ。「安心・快適」とセールスして入居者募集をしているのであれば、当該高齢者住宅事業者がサービス提供責任を負うこと。それは至極当たり前のことです。

②指導監査・罰則の強化

今後、介護保険の自己負担の増加は不可避です。そうなると「わたしたちの税金、保険料は適切に使われているのか」ということに疑念を持つ人が増え、不正を行っている事業者だけでなく、巨額の不正を黙認、放置してきた厚労省、自治体に対する風当たりは一気に強くなるでしょう。


「認定調査において、要介護度を上げるために調査票・意見書の改竄を行っていた」

「特定の系列法人に対する利益誘導のケアマネジメントが行われている」

「サービス提供表に基づいて、介護サービスが提供されていない」

「時間通りにサービスを提供していないのに、介護報酬を請求している」

「ケアマネジャーが適切にサービス管理をせず、実績表を改竄している」

介護保険の不正は、「介護報酬の不正請求」だけではありません。高い専門性、独立性が求められる認定調査、ケアマネジメントに、専門職でも有資格者でもない第三者が関わることは、介護保険法の根幹に関わる重大な違反です。医療において「投薬治療が適切な患者に、診療報酬の高い開腹手術を行うよう医師でもない経営者が指示をしていた」ということが発覚すれば、「実際に手術をしたのだから不正ではない」という言い訳は通らないでしょう。

それは金銭的な詐欺行為というだけではありません。要介護高齢者、認知症高齢者が判断できないことに付け込み、「出て行けと言われると困る」という家族の弱みを逆手にとって、適切に介護サービスを受ける権利を棄損し、生命・生活上のリスクを高める重大犯罪です。

これまで、よほど悪質なケースでなければ過誤請求として返還程度で済まされていたものが、これからは刑事罰・行政罰ともに重くなります。組織的・継続的な不正に対しては、介護保険法違反ではなく、刑事訴訟法の詐欺罪で立件。死亡事故が発生すれば、事故を起こした介護スタッフ、ケアマネジャー、管理者は業務上過失致死ではなく、より罪の重い重過失致死傷罪や傷害罪が適用され刑務所に入ることになるでしょう。

医療介護の世界だけではありませんが、日本では政治家や公務員を筆頭に、税金、社会保険などの公費の不正搾取や不適切な運用に対する罰則が、あまりにも軽いのです。「どこでもやっている、誰でもやっている」という認識が、経営者だけでなく、ケアマネジャーや介護福祉士にも蔓延しているのです。それが、一〇〇兆円規模の莫大な金額を投入しながら、一生懸命に走り回っている介護スタッフの給与や待遇に反映されない、国民の幸せにつながらないという社会保障政策を根幹から腐らせてきた最大の原因です。

鍋底に穴が開いて、湯水のように巨額の税金や社会保険料が搾取されているような状況で、増税や自己負担の値上げなど、国民はバカバカしくて納得できるはずがないでしょう。

10　高齢者の医療費の削減のポイントと課題

介護費用と同じように、これから一気に増加していくのが医療費です。

二〇一八年の段階で三九・二兆円だったものが、二〇二〇年には四三兆円規模となっており、現行制度のまま推移すれば、二〇四〇年には六八兆円と、それだけで国の税収に匹敵する金額に膨れ上がります。「令和二年度の国民医療費の概要」を見ると、その構成割合は人口比二八％の六五歳以上が全体の六割を占め、中でも七五歳以上の後期高齢者の医療費が全体の三分の一を超えています。今後、若年層の数が減り、年間の医療費が一〇〇万円を超える八五歳以上の高齢者が増えていくことを考えると、その増加分の二五兆円はほぼすべて高齢者、特に後期高齢者の医療費です。

福祉先進国と言われるスウェーデンでは、八〇歳以上の高齢者には積極的な治療は行われません。救急搬送されてもＩＣＵには入れませんし、人工透析や人工呼吸器の装着もありません。経口摂取ができない高齢者に点滴や経管栄養も行われないと聞きます。

もちろん、これらは「国民の死生観」にも関わることで、財政が悪化するからと同様の対策が日本で許されるかと言えば、命の平等という観点からも、憲法上も不可能です。

その一方で、高齢者、特に後後期高齢者の医療費を徹底して圧縮していかなければならないということも事実です。想定される高齢者医療の削減策について考えます。

①自己負担の増加

医療保険の自己負担割合も、介護保険と同様、前年度収入だけでなく金融資産（預貯金・株式）も合わせて、その負担割合、負担上限額が決まることになります。マイナンバー制度によって所得や金融資産も一元的に管理されるようになりますから、高額療養費や高額介護サービス費は廃止、「一〜三割負担」といった漠然とした利用者負担ではなく、前年度の所得や金融資産に応じて、個別に負担限度額（医療＋介護）が細分化される方式になるでしょう。その結果、高所得高資産の高齢者には、医療介護を合わせて最高で五〜六割の負担が求められることになります。

これまで日本では、「高齢者医療費自己負担ゼロ」など、高齢者には医療負担の軽減措置が行われてきましたが、これからは子供や勤労世代よりも高齢者の方が自己負担は高くなります。

②かかりつけ医の指定

日本では個人の医療情報が一元的に管理・共有されていないため、一人の高齢者が呼吸器内科、循環器内科、消化器内科、整形外科など、複数の医療機関・診療所を受診し、同じような薬が処方され、それが医療費増大やオーバードーズによる健康被害につながっています。

横浜市立大学大学院データサイエンス研究科（金子惇講師）の研究によると、七五歳以上の高齢者の一年間の平均受診医療機関数は三・四二か所（最大二〇か所）となっており、高齢者が複数の医療機関にかかる「ケアの分断」が、過剰な検査や救急受診、入院のリスクを高めていると分析しています。

高齢者に多い生活習慣病に必要なのは、「個別疾病の治療」ではなく「体調の総合管理」です。近年、専門医ではなく「総合医」「総合診療科」が注目され始めています。今でも、高齢者には「かかりつけ医」が推奨されていますが、要介護高齢者や七五歳以上の後期高齢者にはその指定が必須となり、かかりつけ医の紹介状がなければ、他科・他病院の受診はできなくなるでしょう。

③高齢者医療の包括算定制度の導入

かかりつけ医の指定とともにこれから拡大していくと考えられているのが、診療報酬の包括算定です。現在の診療報酬は、診察、検査、注射、投薬、画像診断など行った診療・治療行為を組み合わせていく「出来高算定」が基本ですが、いまでも入院治療においては疾病によって、包括算定（ＤＰＣ）が導入されています。これが高齢者の在宅医療にも拡大される可能性は高いでしょう。

④終末期医療の希望の聞き取り強化

これから増加するのは、判断力の低下した重度要介護、認知症高齢者です。

筆者が二〇年前に勤務していた老人ホームでは、病院との連携が進んでいたこともあり、定期的に終末期医療の希望について、本人・家族に聞き取りをしていました。そうしないと急変時に家族や保証人に連絡がつかない場合、「人工呼吸器をつけるのか」「どこまで治療を望むのか」を判断できず、後日、トラブルに発展する可能性があるからです。結果を言えば、一〇〇人の入所者・家族・保証人のうち「可能な限りの医療を望む」と答えたのは一人だけでした。

医療を受けるのは国民の権利です。その意思は本人・家族の意思に委ねられるものであり、財政悪化の要因だからと、第三者が「延命治療には意味がない」「高齢者に高額な治療は不要だ」と強制すべきものではありません。ただ、同様に「過剰な医療は受けたくない」「人工呼吸器など延命だけの治療は受けたくない（受けさせたくない）」という本人や家族の意思も尊重すべきです。

地域包括ケアの中では、介護と医療の連携の重要性が叫ばれていますが、高齢期医療、終末期医療の意思については、ケアマネジャーやかかりつけ医との連携のもと、さまざまなケースを想定して、定期的に聞き取り、確認が行われることになるでしょう。

若年層にとって医療は、怪我をしたとき、頭が痛いときなど、一時的・臨時に必要なサービスですが、高血圧や糖尿病などの生活習慣病が増える高齢者にとっては、生活・生命を維持するために日常的に必要になるものです。その一方で、若年層の医療と高齢者の医療に差異を付ける対策は、「命の平等」「憲法違反」という議論になりやすく、タブーだったと言って良いでしょう。ここで述べた方向性にも、異論・反論はたくさんあるでしょう。

しかし、金額的に見れば、高齢者の医療費は若年層の平均四倍、後後期高齢者は六倍です。介護費用を抑制すると介護離職が増加し、社会システムが破綻するという負のスパイラルを避けるためにも、膨れ上がった高齢者、特に後後期高齢者の医療費を徹底的に圧縮し、生活支援、介護費用に回すという政策転換は避けられないのです。

11　二〇二五年から始まる高齢者の医療介護費用の大幅削減策

ここまで、社会保障財政、特に介護費用・医療費用の抑制のために行われる可能性のある政策について述べてきました。いまの介護保険制度や高齢者の住まいの政策、その運用には、あまりにも課題、矛盾、無駄、不正が多いことがわかるでしょう。それが莫大な金額の社会保障費の垂れ流し、浪費につながっているのです。

もう一度、ポイントを整理しておきます。

・介護保険の被保険者の拡大（二〇歳以上）、障害者向けサービスとの財源統合
・健康保険制度の統合、労働保険、福祉施策等との統合・一本化
・介護保険の対象者の限定（要介護3以上）、要介護2までは総合事業に
・ケアマネジメント費用の自己負担の導入
・介護保険の自己負担の算定対象が、「前年度収入」から「収入＋金融資産」へ
・特養ホーム等の介護保険施設の長期入所の自己負担割合の増加
・マイナンバーカード一体化による、自己負担限度額の細分化
・社会福祉法人の福祉機能の強化、運営の透明性の確保
・社会福祉法人と一般営利法人の役割の明確化・機能の分化
・第二種社会福祉事業に対する社会福祉法人の優遇策の見直し・役割の見直し
・介護保険施設（特養ホーム・老健施設・介護医療院等）の一元化
・介護保険施設のショート・ミドルステイ等の在宅復帰機能の強化
・高齢者住宅（有料老人ホーム・サービス付き高齢者向け住宅）の統合
・高齢者住宅に適用される介護報酬の一本化
・要介護認定調査の厳格化
・ケアマネジャー（居宅介護支援事業所）の業務の独立支援
・囲い込みなどグレーゾーンの規制強化・廃止

・認定調査やケアマネジメントの不正、不正請求に対する罰則の強化
・高齢者医療の自己負担の算定対象の見直し、限度額の細分化
・後期高齢者、要介護高齢者に対するかかりつけ医の指定
・高齢者在宅医療の包括算定制度の導入
・高齢者に対する終末期医療の聞き取り

これらの医療介護費用の削減策は、大きく三つに分けることができます。

①全国一律で行われる法律的な政策変更

「介護保険の被保険者の拡大」「介護保険の対象者の限定（要介護3以上）」「ケアマネジメントの自己負担の導入」「自己負担割合の算定対象の変更」「マイナンバーカードによる自己負担限度額の細分化」「介護保険施設の一元化」「高齢者住宅の統合・介護報酬の一本化」などは全国一律で行われる政策変更です。自治体の判断で介護保険の被保険者を変更させたり、自己負担割合を変えたりすることはできません。

②国の基準は変わるものの、自治体の判断で独自に緩和や補助ができるもの

要支援・軽度要介護高齢者に対する総合事業はここに入ります。

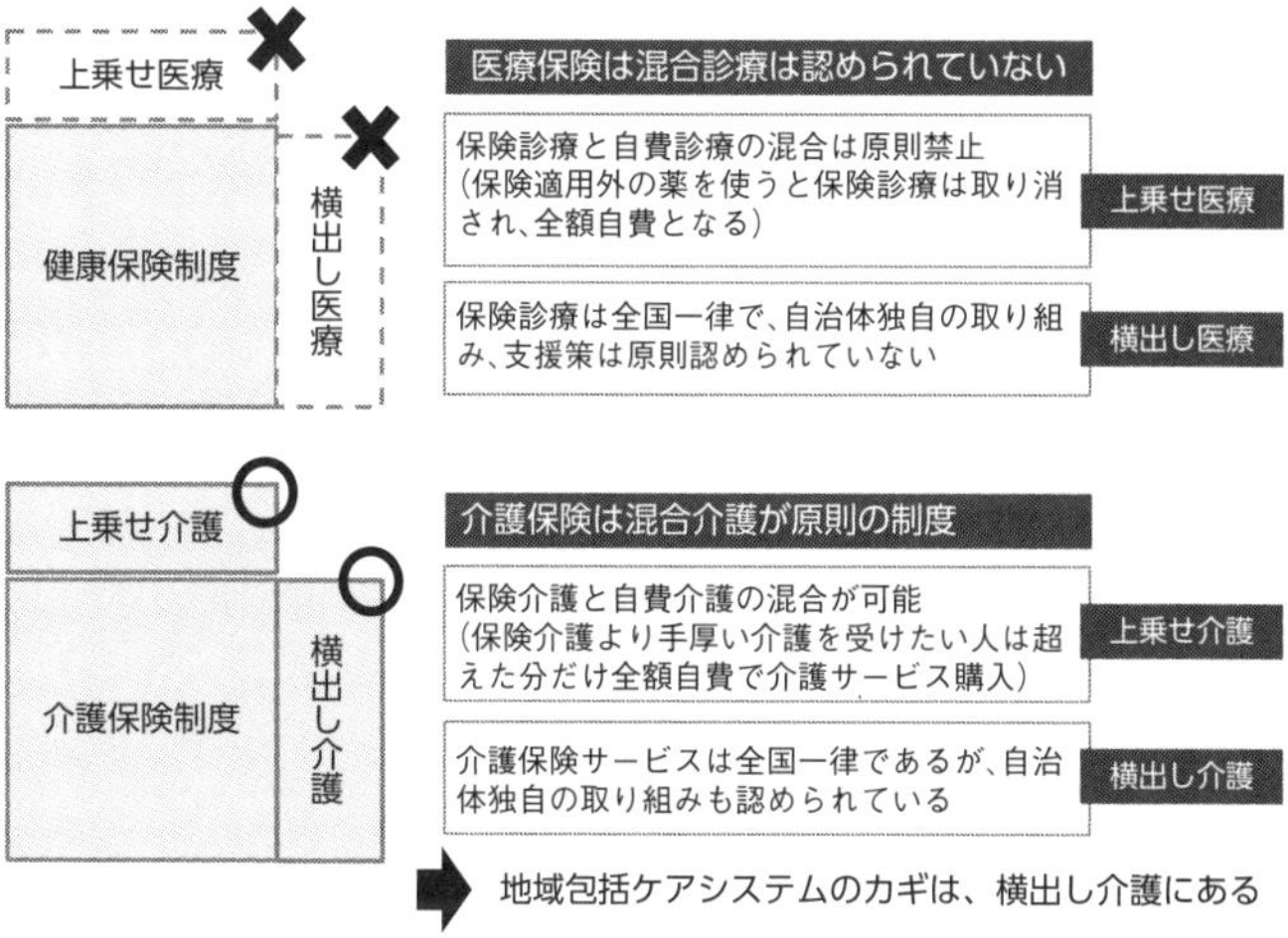
上乗せ医療
健康保険制度
横出し医療
医療保険は混合診療は認められていない
保険診療と自費診療の混合は原則禁止
(保険適用外の薬を使うと保険診療は取り消され、全額自費となる)
上乗せ医療
保険診療は全国一律で、自治体独自の取り組み、支援策は原則認められていない
横出し医療
上乗せ介護
介護保険制度
横出し介護
介護保険は混合介護が原則の制度
保険介護と自費介護の混合が可能
(保険介護より手厚い介護を受けたい人は超えた分だけ全額自費で介護サービス購入)
上乗せ介護
介護保険サービスは全国一律であるが、自治体独自の取り組みも認められている
横出し介護
地域包括ケアシステムのカギは、横出し介護にある

図表3－12　混合診療と混合介護の違い

混合診療が原則禁止である医療保険（健康保険）とは違い、介護保険制度は混合介護が原則です。超過分のみ自費を支払えば、介護保険の基準以上の介護（上乗せ介護）を受けることができますし、市町村独自で介護保険サービスにプラスして付加給付をしたり、補助（横出し介護）を行うことができます。今でも、介護保険の住宅改修費と合わせて、独自の改修補助を出している自治体もあります。

特に総合事業は、そのサービス内容だけでなく、サービスの手厚さ、自己負担も住んでいる自治体によって変わってきます。その他、収益性が低い地域への介護サービス事業所の参入を促すために独自の補助施策を整備したり、優良な民間の高齢者住宅を指定し、家賃補助や食費補助などの低所得者対策を行うところもでてくるでしょう。

地域包括ケアシステムの鍵は、この自治体独自の「横出し介護」にあると言って良いでしょう。

③一定の指針基準は国が示すものの、実務は自治体に委ねられるもの

これは主に指導監査に関わるものです。

今でも、介護サービスの指定権者は都道府県や市町村ですから、指導や監査の責任は自治体にあります。「社会福祉法人の福祉機能の強化」「社会福祉法人と営利法人の役割の明確化」「介護保険施設の在宅復帰機能の強化」「要介護認定調査の厳格化」「グレーゾーンの規制強化・廃止」「区分支給限度額方式から外部サービス利用型特定施設への移行」など、一定の指針は国が定めることになりますが、実際にそれをどのように運用するのかは、自治体の判断です。また「ショートステイ・ミドルステイの在宅復帰機能の強化」も、それぞれどの程度の枠を設定するのかは、各自治体が介護サービス計画の中で決めることになります。

要介護認定調査の厳格化についても、「更新申請もすべて自治体のスタッフが行う」「ＡＩなどに不正確だと思われるケースをピックアップさせる」「地域包括支援センターのスタッフを増員して認定調査を委託する」「担当ケアマネジャー以外の、別法人のケアマネジャーに委託する」など、その手法は自治体が定めることになるでしょう。

もう一つの重要な論点は、このような財政抑制策は「いつから行われるのか」です。その時期をはかるキーワードは、大きく分けて二つあります。

一つは、マイナンバー制度です。

「自己負担割合の算定対象の変更」「自己負担限度額の細分化」など、自己負担の増加に関わるものや、「健康保険制度の統合」「健康保険と介護保険の一元管理」「労働保険、福祉施策等との統合・一本化」など、社会保障制度全体の再構築にかかわるものは、マイナンバー制度の進捗がなければ実施できません。紙の健康保険証の廃止は二〇二四年の秋の予定ですが、その後の介護保険証の統合は二〇二五年、自己負担の見直しの検討は二〇二七年の法改正から本格化するものと考えられます。

もう一つのキーワードは、本書のテーマである「地域包括ケアシステム」です。

これら想定される「医療介護費用の抑制策」は、法改正が必要なものばかりではなく、「社会福祉法人の機能強化」「要介護認定の厳格化」「囲い込みの禁止」「指導監査体制の強化」「高齢者住宅に対する介護報酬適用の一元化」「ショート・ミドルステイの強化」のように、指針を出すだけで始められるものです。そして、それらは市町村ごとの判断や財政力、マネジメント力に委ねられる部分が大きくなります。つまり、二〇二五年の地域包括ケアシステムの移行と一体的なものだということです。

足りないのは財源や人材だけではありません。本来、国民生活に大きく影響する社会保障制度の改定は、ゆっくり時間をかけて行うのが原則です。しかし、不正への対策や自己負担の適正化を放置しつづけた結果、厳しい削減策を早急に取らなければならない状況にまで追い込まれているのです。

いま医療介護問題は、団塊世代が七五歳の後期高齢者になる年に合わせて、「二〇二五問題」と呼ばれていますが、その本丸は、八五歳になる二〇三五年です。それまでに医療介護費の抑制策が完了できていなければ、市町村が次々と破綻してしまうのです。

残された時間は実質的に一〇年もありません。これらを考え合わせると、「医療介護の抑制策は二〇二五年から一気に行われる」という理由がわかるでしょう。

社会保障の制度改革は、〝総論賛成、各論反対〟になりがちです。「社会保障費の削減は不可避」ということはわかっていても、このように具体的な政策変更の案がでてくると、「できるはずがない」「不可能だ」「許さない」とそれぞれの政治信条や業界団体を中心に感情的な話になります。

もちろん、これらは現在検討されているものばかりではなく、筆者の私見も多分に含まれており、「こうなるはずだ」と確信をもって言えるわけではありません。「これが介護医療の正しい制度の方向性だ」「二〇三五年までにやれ」と強弁するものでもありません。

ただ、医療介護費用の増加やそれに伴う自治体の財政破綻は「たられば」の仮想の話ではなく、最悪のシナリオでもありません。ここに示したのは、現在の制度課題から「可能性が高い」と思われる政策変更であり、言いかえれば、これくらいのことは最低限、今すぐにでも行わなければならないのです。これ以上、抜本的な削減策を先延ばしにはできませんし、もしこれでも介護費用や医療費が抑制できなければ、さらに厳しい対策を取らざるを得ないことになります。

「経済活性化のために消費税を減税しろ」と拳を振り上げる人は多いのですが、そのためには、「いまある行政サービスの何を削るのか」という議論とセットでなければなりません。

同様に、「赤字国債は国の借金であって、国民の債務ではない（債権だ）」「国が財政破綻することは絶対にない」という論説が積極財政派と呼ばれる人たちの間で流行していますが、国が破綻しなくても自治体が破綻すれば、そこに住んでいる住民が受ける被害は同じです。そして、それが中核都市や政令指定都市に広がれば、都道府県もその泥沼に引きずりこまれ、結果、国の経済、社会システムの屋台骨も揺らぐのです。

二〇四〇年には高齢者の医療介護需要は二倍になりますが、そこに投入できるお金も人も、今の時点ですでにその限界を大きく超えています。

三〇年前から税収や保険料収入に合わせて少しずつ制度を手直ししていれば、こんなことにはならなかったのですが、「団塊世代が高齢者になる二〇一五年問題」「団塊世代が後期高齢者になる二〇二五年問題」と、財源や人材確保の見込みがないまま、先延ばしにしてきたのです。

それどころか、目先のポピュリズムで「福祉国家を目指せ」「手厚い介護・福祉」「特養ホームが足りない」「高齢者施策の充実」「でも増税するな、保険料を上げるな」と歪みだけが広がり続けてきたのです。

ただ、それもいよいよ限界です。これからは無駄や矛盾、不正を徹底的に排除して、限られた社会資源の中で、どうすれば公平・公正で、かつ効率的・効果的な「後後期高齢者の医療介護システム」が構築できるのか、知恵と工夫で乗り切るしか道はないのです。

第4章

地域包括ケアシステムの推進

——自治体の存続をかけた戦い

「二〇四〇年までに、半数の市町村が消滅危機に陥る」と、民間の有識者でつくる「日本創生会議」が発表したのは二〇一四年です。

それぞれの自治体は、「我がまちの高齢者医療介護問題」に、その存続をかけて取り組んでいかなければなりません。それができない市町村は、政令指定都市であっても、中核都市であっても、財政再生団体に転落し、勤労世代の人口は半減し経済は破綻、衰退していくことになります。それは個別市町村だけではなく、都道府県内に広がっていきます。

地域包括ケアシステムは、理想論でも概念でもなく実務です。それぞれの自治体で知恵を絞り、限られた財源・人材を、最大に効率的・効果的に運用して、長期的な視点で、その地域特性・地域ニーズに合った高齢者施策の最適解を見つけていかなければなりません。

1　地域包括ケアシステムは自治体の存亡をかけた大事業

地域包括ケアシステムは、地域特性・地域ニーズに沿って整備されるものです。

人口五〇万人以上の大都市と、一〇万人規模の地方都市、一万人以下の市町村とでは、地域包括ケアシステムの考え方は、根本的に変わってきます。人口動態が同程度でも、人口密度や経済構造、財政状態はそれぞれに違いますから、全国一七一八市町村で、同じ地域包括ケアシステムは二つとありません。また、単独市町村ではなく、周辺自治体と共同で地域包括ケアシステムの構築を行うところもでてくるでしょう。

ここでは、経営コンサルタントの視点から、地域包括ケアシステムの推進にあたって、すべての自治体に共通して必要となる八つのポイントを、簡単に整理します。

①長期ビジョンの作成

自治体の担当者に「地域包括ケアシステム推進のために何をしていますか?」と聞くと、「地域ケア会議」という言葉が返ってきます。これは、市町村または地域包括支援センターが主催し、行政職員や地域の介護・医療・福祉関係者で構成される「地域包括ケアシステム」の推進会議です。

【地域ケア会議の五つの機能と役割】

- 個別課題解決機能:困難ケースに対し多職種が多角的に検討し、解決を図る
- ネットワーク構築:多職種・関係機関が連携して課題に取り組み、相互連携を深める
- 地域課題発見機能:個別ケース検討を通じて、解決すべき地域の課題を明らかにする
- 資源開発機能:関係機関の役割分担、社会資源の調整を行う
- 政策形成機能:地域ケア会議で発見した課題に対し、市町村が施策の立案・実行

しかし、その多くは形骸化しています。それは、その前提となる長期ビジョンが欠けているからです。

国は地域ケア会議の五つの機能と役割を示していますが、目指すべき方針や基礎データのない会議をいくら行っても、「サービスが足りない、人材不足」という話にしかなりません。「いくら提案しても意味がない」「何のための地域ケア会議？」と行政に対する信頼度を低下させるだけです。

まずは、二〇四〇年を目途に、市町村全体・個別集落でどのような人口動態になるのか、要介護高齢者・重度要介護高齢者はどの程度増加するのか、現行制度が維持された場合、医療介護費の総額はどの程度になるのか、市町村全体でどのくらいの人材・財源が必要になるのかを、計算・シミュレーションすることです。愕然とする数字が現れると思いますが、そこから目を背けていては、地域包括ケアシステムは推進できません。

そのシミュレーションに基づいて行政の方針、長期ビジョンを地域ケア会議で提示し、医療・介護・福祉・看護・ケアマネ・栄養士・薬剤師などの専門職種の人たちと危機意識を共有し、個別の地域・集落で「要介護高齢者の生活、生命を守るために最低限やるべきことは何か」「どうすれば最も効率的・効果的にできるか」を一緒に考えてもらうのです。「方針・データのない地域ケア会議」では、優秀な人材を集めても「机上の空論」になるだけで有意義な議論はできません。

②地域ニーズの把握・介護の事業特性の理解

多くの自治体で陥っているのが、「地域包括ケアシステム＝地域密着型サービスの推進」という誤解です。それは、介護サービスの事業特性を理解していないからです。

介護サービス事業は、定員数が少なくなればなるほど、事業としての効率性・安定性は低下します。言い換えれば、事業者だけでなく、自治体から見ても、利用者からみても費用対効果の低い事業だということです。地域密着型サービスは、「広域型の介護サービスでは対応できない」というケース・ニーズに限り、エリアや対象を限定して整備する特殊なものなのです。だから市町村の指定なのです。

【地域密着型サービスの対象は限定される】

- 定期巡回随時対応型訪問介護看護：臨機応変の随時・頻回訪問が必要な高齢者
- 小規模多機能・複合型：訪問介護・通所介護などの個別整備が難しい集落・離島
- 小規模多機能・複合型：臨機応変な対応・介助が必要な独居認知症高齢者
- 認知症対応型通所介護：周辺症状が激しく、一般の通所介護で対応困難な高齢者

介護サービス事業の整備計画にあたっては、在宅系の「地域・エリアを限定して行う事業」と、入所入居系の「広域で行う事業」の違いを理解し、その地域全体の介護システムを見据え

ながら、個別の地域・集落に、どのような介護サービス種別が最も効率的・効果的かという視点で整備を進めなければなりません。

同じ市町村内でも、小規模の集落やこれから高齢化が一気に進む「旧ニュータウン」など、それぞれに地域特性・地域ニーズは違います。また訪問系サービスは、一事業所あたりの利用定員数は限定されませんが、通所系サービスや入居入所系サービスは建物によって定員数は決まります。現在の介護需要、二〇四〇年までの介護需要の変化を分析し、それぞれのサービスの特徴、事業性を理解した上で整備を進める必要があります。

③インフォーマルサービスの組織化

未婚者を表す「おひとりさま」という言葉がありますが、結婚をしていても、子供がいても、これから高齢者の多くは独居世帯になります。そして、期間の差はありますが、突然死ではない限り、ほぼすべての人が要支援・要介護になります。

「一人暮らしの高齢者が要支援・要介護になっても、できるだけ長く、住み慣れた自宅で、安全に安心して暮らし続けることのできる環境を整える」というのが、地域包括ケアシステムの土台です。これは単なる理念ではなく、限られた財源・人材の効率的な運用という視点からも不可欠です。

特に、要介護1・2の軽度要介護高齢者は介護保険サービスから外れる可能性が高いため、総合事業の中で「見守り・安否確認」といった機能を強化していく必要があります。

そのため、町内会やボランティア、ＮＰＯなどインフォーマルサービスを積極的に活用することが求められています。「新聞が取られていない時には家族に連絡してもらう」「地元スーパーに高齢者宅へ配送を依頼する」といった、日常的に利用している既存サービスとの連携も有効です。

ただ、介護費用軽減のためだけに「町内会長さんにお願いする」「ＮＰＯに丸投げ」といった安易な発想では、システムとして機能しません。「よろず相談」「安否確認・異変の早期発見」「プライバシーの確保」など、その目的やルールを作成して仕組みを作っていくのは、市町村の責任・役割です。

④ＩＰカメラ、センサー、ＩｏＴなどの最新技術の活用

スマートホンのアプリやＩＰカメラ、センサー、ＩｏＴなどの技術の進化は目を見張るものがあります。これからの社会においては、高齢者の見守りや安否確認、相談対応だけでなく、行政手続きやネットスーパー、オンライン診療、徘徊高齢者の早期発見など様々な機能、役割が期待されています。「高齢者はＩＴに疎い」と思われていますが、音声入力など使いやすくなっていますし、団塊世代になるとスマートデバイスを使いこなせる人の割合はどんどん増えています。

遠く離れて暮らす家族も、ＩＰカメラの遠隔操作で安否確認ができますし、オンライン診療が一般化すれば、有給をとって病院に付き添う必要もなくなります。音声認識で寝返りサポートのできる介護ベッド、見守りセンサーやＩｏＴの機能があるポータブルトイレ、緊急コールも「助けて～」といった音声認識によって発報し、業者や介護サービス事業者が確認・対応するなど、これからその機能や汎用性は高くなっていくでしょう。

これら最新技術との連携によって、できる限り人的サービスを減らすことが、これからの高齢者施策の重要なポイントです。介護保険や総合事業の中で、そのレンタル費用の一部を負担するなど積極的な対策が求められます。

⑤認知症対策の強化

二〇二三年六月、認知症基本法（共生社会の実現を推進するための認知症基本法）が制定されました。厚労省の調査によれば、二〇二〇年現在で認知症患者は六〇〇万人以上、二〇四〇年には、その一・五倍の九五〇万人になると予測されています。

この認知症基本法では、市町村の「認知症施策推進計画」の作成は努力義務とされていますが、「やってもやらなくてもよい」という話ではありません。認知症対策は地域包括ケアシステムの骨格となるものだからです。

主に二点の対策強化が必要となります。

認知症の発症率

70〜74歳	4.9%（20人に１人）
75〜79歳	10.9%（10人に１人）
80〜84歳	24.4%（4人に１人）
85歳以上	55.5%（2人に１人）

認知症の種類（疾病）

アルツハイマー型	・・・67.6%
脳血管性型	・・・19.5%
レビー小体型	・・・4.3%
混合型	・・・3.3%
前頭側型（ピック病）	・・・1.0%

図表4－1　年齢別　認知症発症率と原因となる疾病

【自治体が強化すべき認知症対策のポイント】

- 認知症の早期発見・早期治療のための啓蒙、認知症検診の補助
- 介護保険から外れる軽度認知症高齢者の重度化予防策の検討（総合事業の強化）

認知症対策で最も重要になるのが、早期発見です。高齢者に最も多いアルツハイマー型認知症は、その一歩手前の「軽度認知障害（ＭＣＩ）」の段階で発見できれば、認知症への移行を防ぐことも可能だとされています。

七五歳を超えれば、身体的な健康診断よりも、認知症健診のほうがよほど重要で有用です。また、「認知症かな？」と周囲が気づいてからでは、本人は猛烈に抵抗しますから、元気な時から習慣づけることが必要です。高齢者には「かかりつけ医」の指定を義務付けるとともに、そこで定期的に認知症健診ができるようにすべきです。簡易検査であればそれほど費用はかかりませんし、その一部を補助しても、認知症の発見が遅れ、たくさんの介護費用や介護人材がかかることを思えば、その金額は微々たるものです。

二つ目は、重度化予防策の検討です。

前章で述べたように、今後、介護保険の対象者は要介護3以上に限定され、要介護2までは総合事業に移行される可能性が高くなっています。そうなった場合に懸念されるのが、「軽度の認知症高齢者」に対する支援が弱くなり、「閉じこもり」「薬の飲み忘れ」「受診を忘れ」などで認知症が進行してしまうことです。そのため、これから市町村で行う総合事業は、軽度認知症高齢者の悪化予防に重点を置くことになります。

認知症は、放置しておけば一気に進行し、ゴミ屋敷の発生や他人に対する暴言暴力、さらには失火による火災など、近隣の周辺住民の生活にも及びます。「家族のいない独居認知症高齢者の契約」「本人がサービスの必要性を理解できない（拒否する）場合どうするのか」といった、法的・福祉的なサポートも必要になります。そのため、民間の営利事業者ではなく、非営利のNPOや社会福祉法人が対応するのが原則です。同時に認知症高齢者の契約やケアプランが適切に運用されているか、行政や第三者がチェックする体制も整えなければなりません。

認知症を正しく理解すると同時に、認知症の早期発見、重度化予防、認知症介護、住まい、福祉を含め、きめ細かな複合的な対策をとることが求められます。

⑥混合している「高齢者の住まい」の整理統合

述べたように、高齢者の住まいは施設と住宅に分かれており、制度・役割ともに混乱を極めています。特に「補助金ありき」で作られた老人福祉施設や介護保険施設、不正な囲い込み型高齢者住宅が乱立している都市部での問題が大きく、これら「高齢者の住まい」を、公平・公正の観点から整理できなければ、地域包括ケアシステムは立ち行かなくなります。

ポイントの一つは、対象者の明確化です。

これから、自宅で生活できない重度認知症高齢者が一気に増えていきます。

認知症高齢者は、失見当識《しつけんとうしき》といって、時間や場所などがわからなくなります。そのため限られた生活空間で、同じ顔触れのスタッフ・入居者と穏やかな生活を送るというのが基本です。それにはユニット型特養ホームや認知症グループホームなど、小さな生活単位（ユニット）での生活が適しています。いまのように「アッパーミドル層優先」ではなく、家賃補助や食費の補助などを充実させ、「認知症高齢者専用の住まい」として再構築する必要があります。

また、「身体機能低下の高齢者に対する介護」と「認知症高齢者に対する介護」は基本的に全く違うものです。これが混合すると、転倒・骨折などの事故リスクや入居者間のトラブルが増えるため、介護スタッフの負担も重くなります。これは、「要医療高齢者・要福祉高齢者」「長期入所とミドル・ショートステイ」も同じです。

そのため、できる限りそれぞれに対象者を限定し、その専用の施設・住宅を整備するというのが、これからの「高齢者の住まい」の整理統合の基本です。

もう一つのポイントは、「高齢者の住まい」に関する情報の一元化です。

【高齢者の住まいに関する情報の一元化】

- 介護保険施設・高齢者住宅の入所・入居相談窓口の設置
- 介護保険施設、高齢者住宅の入所・入居対象者の整理・分類
- 入所者・入居者の事故、トラブル、苦情相談対応窓口の設置

対象者を明確にするには、高齢者・家族、またケアマネジャーからの高齢者施設、高齢者住宅の申し込み相談先を統合して、情報を一元化する必要があります。そうすれば、「誰に相談すればよいかわからない」「どの施設・住まいが適しているのかわからない」ということはなくなります。

いま、全国で「有料老人ホーム・高齢者住宅紹介業」が乱立していますが、これは不動産の仲介業とは似て非なるもので、その実態は「営業のアウトソーシング」でしかありません。そのため、本来はグループホームやユニット型特養ホームが適している認知症高齢者が、介護機能が整っていないサ高住や住宅型に入居させられて認知症が悪化し、混乱によるトラブルで途中退去を余儀なくされるというケースが頻発しています。

市町村単位で情報を一元化することで、要介護状態に合わせた住まいの選択・支援が可能と

なりますし、併せて「高齢者住宅事業者が相談・契約時に説明すべきポイント」「月額費用・月額生活費の見積書提出」といった情報開示の徹底だけでなく、「保証人がいない高齢者をどうするのか」「認知症高齢者の契約をどうするのか」というルール作りもできます。

さらに、地域内の相談内容を集約、データ化することで、指導や監査が必要となる問題のある高齢者住宅の洗い出しにも役立ちますし、当該地域にどのような種別の住まい・サービスが不足しているかを把握でき、地域包括ケアの事業計画に反映できるようになります。

混乱している「高齢者の住まい」の整理・改善なくして、地域包括ケアシステムの推進・構築はできません。

⑦低価格要介護向け住宅の整備

現在の高齢者住宅の制度上の問題は二つあります。

一つは、「要介護向け住宅」を特養ホームや老健施設で代替してきたこと。二つ目は囲い込みの不正の横行です。これだけで毎年数兆円、総介護費用の二～三割に及ぶ無駄な医療介護費がかかっています。本来、重度要介護高齢者が集まって生活すれば、それだけ効率的・効果的に介護できるため、人もお金も少なくて済むはずです。現状、「老人ホーム・高齢者住宅にお金がかる」となっているのは、明らかに制度上の瑕疵が原因です。

そしてもう一つ、商品設計上の大きな課題が「重度化対応の不備」です。

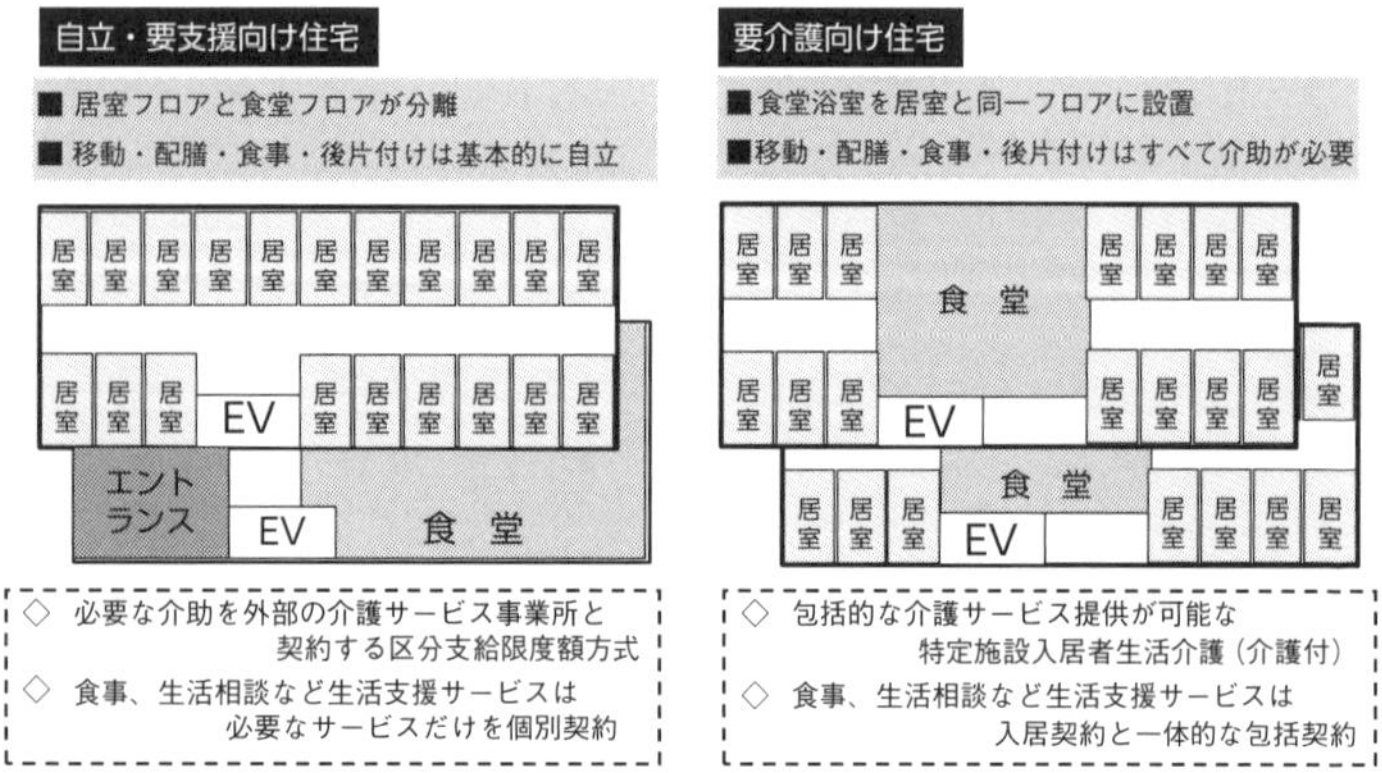
自立・要支援向け住宅
■ 居室フロアと食堂フロアが分離
■ 移動・配膳・食事・後片付けは基本的に自立
居室
EV
エントランス
食堂
◇ 必要な介助を外部の介護サービス事業所と契約する区分支給限度額方式
◇ 食事、生活相談など生活支援サービスは必要なサービスだけを個別契約
要介護向け住宅
■食堂浴室を居室と同一フロアに設置
■移動・配膳・食事・後片付けはすべて介助が必要
居室
食堂
EV
◇ 包括的な介護サービス提供が可能な特定施設入居者生活介護（介護付）
◇ 食事、生活相談など生活支援サービスは入居契約と一体的な包括契約

図表4－2　要介護向け住宅と自立要支援向け住宅の違い

同じ「学校」でも小学校と大学が違うように、高齢者住宅といっても要介護向け住宅と自立要支援向け住宅は、建物設備も介護システムも全く考え方が違います。ほぼすべての高齢者住宅で、「介護が必要になっても安心・快適」とセールスしていますが、素人事業者の大量参入と無理な低価格化や制度の混乱が相まって、重度要介護高齢者に対応できる「要介護向け住宅」と呼べるものは全体の二割程度しかありません。そこに無理やり重度要介護・認知症高齢者を入居させるために、死亡事故やトラブルが頻発し、介護スタッフが過重労働で逃げ出しているのです。

これから整備しなければならないのは、激増する重度要介護高齢者が安全に安心して生活できる、介護スタッフも安全に安心して介護できる「要介護向け住宅」です。要支援・軽度要介護など、自宅で生活できる間はできる限り住み慣れた自宅で生活してもらい、重度要介護になって自宅で生活できなくなれば、介護機能の整った高齢者住宅に移り住んでもらうというのが基本的な流れです。

【価格を抑えた要介護向け住宅整備のポイント】

・「居室食堂同一フロア」を土台とした、介護しやすい建物設備設計の工夫
・特定施設入居者生活介護を土台とした包括的な介護システム設計
・対象者を要介護3以上の「身体機能低下の重度要介護高齢者」に限定
・本人の金融資産・収入に応じて、個別の低所得者対策を実施

対象を「身体介護」に限定し、建物設備や介護システムを工夫すれば、特定施設入居者生活介護の介護報酬で、重度要介護高齢者が安全に生活できる、介護スタッフが安全に働ける要介護向け住宅を、月額二〇万円程度（介護医療の自己負担を除く）で商品設計することは可能です。優良な「要介護向け住宅」を指定し、低所得者にホテルコスト補助（家賃・食事）を行っても、いまのユニット型特養ホームや囲い込み型高齢者住宅にかかっている半額程度の社会保障費で運営することができます。

⑧指導監査体制の強化

「認定調査の操作・改竄」「ケアマネジメントの不正」「囲い込みによる医療介護の押し売り」

など、不適切な運用の拡大が社会保障財政悪化の大きな要因になっています。

地域包括ケアシステムの大原則は、市民に公平なサービスの利用環境と、事業者に公正な競争環境を整えることです。法的にも制度矛盾の解消や不正に対する厳罰化などが行われるでしょうが、それを実際に運用するのは市町村です。


【指導・監査体制強化のポイント】

- **独自の「介護サービス・高齢者施設・住宅運営指導指針」の作成**
- **指導指針に基づく、事前協議・事前届け出の徹底**
- **指導指針に基づく、情報開示の徹底・不正事業者の排除**

まずは、現在発生している不正請求やグレーゾーンの実態を正確に理解することです。

「高齢者住宅の囲い込み」に対して、「同一法人の利用自体は問題ではない」「区分支給限度額方式の全額利用が不正なわけではない」「本人・家族も同意している」と表面的にとらえてしまうと、指導や監査の方針が曖昧になってしまいます。第3章で述べたように、介護保険制度にかかる不正の大半は、ケアマネジメントが関係しています。医療と同じで、アセスメントに基づく生活改善を目的としない介護サービス、なぜその介護サービス利用が最適なのかが説明できないケアプランは、すべて不正です。二〇一八年度の介護報酬の改定で、高齢者住宅入居者の集中利用に対する減算が示されていますが、「減算にならない範囲ならＯＫ」「包括算定だからＯＫ」「書類が整っていればＯＫ」という問題ではありません。

事前協議・事前届け出も重要です。現行の「高齢者住まい法」では、サ高住は紙一枚の登録だけで開設できることになっていますが、市町村がその必要数、商品内容を含め一定管理監督できるよう、条例の制定を含めた事前協議の体制作りを行わなければなりません。それはいったん開設されてしまうと、不正が強く疑われても「利用者が困る」「行き場のない人が増える」とその入居者や家族が人質になって、厳しい指導や監査が難しくなるからです。

この指導監査体制強化の指針となるのが、「介護サービス・高齢者施設・住宅運営指導指針」です。有料老人ホームには「有料老人ホーム設置運営指導指針」が作られていますが、居宅介護支援（ケアマネジャー）を含むすべての介護サービス事業者、すべての高齢者住宅に適用されるルール・規則を整備し、「何が不正なのか、どのような視点で運営すべきか」「介護保険の不適切な活用例」を明確にし、徹底しなければなりません。

地域包括ケアシステムはその名の通り、地域の高齢者施策全体のシステムです。「行き場のない入居者が増加する」「民民契約だから立ち入れない」と先延ばしにすればするほど、巨額の社会保障費が不正に流出し続け、不正が肥大し、解決は難しくなっていきます。そうすると、優良事業者が撤退し、優秀な介護スタッフ・ケアマネジャーは逃げ出し、グレーゾーンの不正事業者ばかりが蔓延ることになります。ルールが守れない事業者は、自治体の権限で強制的に市場から撤退させるしかありません。「住民を不正や悪徳業者から守る」という最低限のことさえできない自治体に存在意義はないのです。

この指導監査体制の強化の目的は「劣悪事業者の排除」だけではありません。介護スタッフ、ケアマネジャーなどへの教育活動、啓蒙活動も含まれます。それを行うには運営している事業者よりも高いノウハウ・知識が必要となるため、定年退職した経験豊富な介護保険施設の施設長やケアマネジャーでチームを作って、指導や監査の業務を委託するということもできるでしょう。そのほうが実務的で継続的な質の高い指導や監査が行えますし、コストも抑えられます。それぞれの地域に合った方法で優良事業者を育て、守っていかなければなりません。

法令順守、コンプライアンスの意識の徹底は、地域全体の介護サービスの質の底上げ、介護看護スタッフが安心して働ける労働環境を整備する上でも不可欠なのです。

2　域内の包括的事業者間ネットワークの構築

地域包括ケアシステムは、これまで介護対策、医療対策、住まい対策、介護予防対策、老人福祉対策などバラバラに行われてきた高齢者施策を一体的・包括的に行うというものです。そのためには、推進する自治体内の行政機構の改革も必要ですが、それ以上に重要なのが、域内の包括的な事業者間の連携連帯の強化、ネットワークの構築です。

現状をみると、介護医療業界は行政機関に倣って縦割りです。医療関係者は医師会や病院会、老人福祉系の団体、老人保健施設系の団体にそれぞれ分かれており、全国展開する大手介護サービス会社のスタッフは本社の指示に従って仕事をしています。

このように向いている方向がバラバラでは、地域包括ケアシステムを構築することはできません。

医療介護の世界には、「チーム医療」「チームケア」という言葉があります。「医療介護連携」だけでなく、市町村内の介護・看護・医療・薬剤・保健・福祉・リハビリ、栄養、福祉用具、さらには町内会や社会福祉協議会、行政機関と、高齢者の支援に関わる全ての事業者・職種が有機的に連携する仕組みを構築していかなければなりません。

【地域包括ケアネットワークの構築の基本】

- 自治体の責務：ネットワークの構築は自治体の責務で行う
- 包括的な連携：個別連携ではなく、すべての事業者が参加する包括連携
- 規範・ルール：域内の全事業者が順守すべきルール・規範の作成

ポイントは三つあります。

第一は、この事業者間ネットワークは、自治体の責任で整備すべきものだということです。

「地域ケア会議によって連携を図っている」という声がありますが、それは個人間・個別事業者間の連携でしかありません。地域包括ケアに求められるのは、地域全体を網羅する有機的、組織的なネットワークです。

これは二つ目の、「包括的連携」にも関わってきます。

いまでも一部地域では、ＳＮＳを通じて意欲のある人が集まって勉強会を行うなど、業界の枠を超えてネットワークを構築しようという先進的な取り組みが行われています。ただ「参加したい人だけが個人で参加する」「意欲のある事業所だけが参加する」ということでは、サービス・事業者の連携はできません。ネットワークへの参加は全事業者の責務であり、そのためには行政が主導して行う必要があるのです。

そして三つ目が、域内の事業者が共通して順守するルール・規範の作成です。

介護サービス事業は、営利事業であり、他事業者は競い合う「ライバル」ですが、同時に要介護高齢者の支援・生活向上のために手を取り合うチーム・仲間でもあります。公平な競争や地域介護の質の向上のためにも、全事業者が順守すべきルール・規範が必要です。

その実務的な機能や効果は、大きく三つ挙げることができます。

①情報ルールの一元化による業務の効率化

「介護していた家族が入院した」など、緊急ショートやミドルステイが必要になった場合、担当ケアマネジャーは地域の事業者に一軒一軒電話をして、半日かけて調整しなければなりません。運よく受け入れ先が見つかっても、福祉系事業者、老健系事業者などによって、それぞれ伝達すべき内容や書類が違い、特に新規利用の場合、詳細な説明が必要になるため事務作業も大変です。

また、利用者が入院し、サービス変更を各事業者に連絡しようと思っても、A事業所は電話連絡、B事業所はFAX、C事業所はメールと連絡方法はバラバラで、医師への連絡は「診察時間外に連絡」「連絡はメールのみ」と指定されることもあります。FAXやメールの場合、返信がなければ、その情報が届いているのかどうかさえわかりません。結局、恐縮しながら「FAXしたのですが届いていますか？」と電話することになり、さらに業務・手間が増えていきます。

情報発信・情報共有のルールを一元化することで、サービスの空き情報は一目でわかりますし、連絡や調整などの業務負担は大幅に軽減されます。必要情報を統一することで「情報が足りないまま、緊急受け入れ」「サービスの停止・再開の連絡漏れ」というリスクを削減することができます。

また、業界団体や行政が行う勉強会、研修会の参加申し込み、法改正などの伝達も、一斉に一元的に行うことができますから、行政としても事務効率は格段に上がります。

②可視化による効率的・効果的な介護保険事業計画推進

ネットワーク化によって生まれるのが、域内の事業・サービスの可視化です。「ショートステイが足りない」と嘆くケアマネジャーは多いのですが、実際にどの程度不足しているのか、それは通年のものか時期的（正月・お盆等）なものか、利用頻度の不足か期間の問題かなど、情報が一元化されないと分析はできません。

同様に「域内の特養ホームの待機者が五〇〇人を超えた」と言っても、その中には「民間の介護付有料老人ホームに入っている」「他の特養ホームに入所できた」「今はまだ自宅で生活できるが将来のために申し込んでいるだけ」「末期がんで入院中」「すでに亡くなっている」という人もいます。申し込み待機者のうち、緊急性の高い人はどのくらいいるのか、要福祉で特養ホーム以外に対応できない人の割合はどの程度かという詳細が把握できれば、いま都市部で起きている「待機者数万人いるが、特養ホームの多くで空所が発生」などという、ミスマッチは起きないはずです。

サービス状況を可視化、分析することができれば、集約・蓄積されたデータをもとに、「地域ケア会議」でどのような対策が必要かを検討することができます。使える財源・人材は限られているのですから、介護保険事業計画には詳細なマーケティング・市場分析が必要です。

③リスクマネジメントの強化・働き方改革

もう一つ、これからの介護業界の大きなテーマはリスクマネジメントです。

二〇二〇年からの新型コロナウイルス感染症の蔓延によって、多くの介護サービス事業所は大変な困難に見舞われました。身体機能、抵抗力の低下した要介護高齢者は、コロナやインフルエンザ、ノロウイルスが発生すると重篤化するリスクが高くなります。高齢者施設・住宅内だけでなく、情報共有が遅れれば訪問介護や通所介護の利用を通じて、感染は一気に広がっていきます。

これは火災や地震、豪雨などの自然災害も同じです。特に、高齢者施設や高齢者住宅には一人で逃げられない要介護高齢者が集まって生活しているのですから、介護スタッフの少ない夜間に災害が発生すると、多くの入所者が逃げ遅れ大惨事となります。

二〇二一年四月から、介護事業所には「ＢＣＰ（事業継続計画）」（三年の経過措置）の策定が義務付けられています。しかし、個別の事業者にできることには限界があるため、数年たてば「マニュアルに沿ってとりあえず書類を作っただけ」「ロッカーに眠っていて監査の時だけ出してくる」となるのは確実です。また、介護施設が受けた地震や台風などの被災状況をオンラインで共有するという案がでていますが、大規模災害の場合、自治体も大混乱しますから、「介護施設」に特化して優先支援はできないでしょう。

感染症や災害は、一つの事業者だけの問題ではありませんし、ハザードマップで想定される災害は立地によって違います。迅速で実効性のある対策をとるためにも、助け合いや相互支援についての情報発信や連携などのルールを定める必要があります。

このリスクマネジメント対策は、利用者・入居者を災害や感染症などのリスクから守るだけでなく、介護スタッフが安全に介護できる労働環境を整備するという目的もあります。事故リスクの事前説明や利用者からの暴力や暴言、家族からの理不尽なクレーム対応など、検討すべき項目はたくさんあります。

また「認知症だから予測不可能な行動を起こすことは予見できた」「転倒骨折で一千万円の損害賠償を支払え」「でも身体拘束は一切禁止」という現在の民事裁判の判例では、すべての施設・住宅で認知症高齢者の受け入れはできません。

それは、それぞれの事業者、経営者の責任で強化すべきものですが、災害や感染症、クレーマー対策などは、一つの事業所だけで対応するには限界があります。地域包括ケアシステムの中で、法的な問題をふくめ、利用者・家族への説明のポイントをルール化し、その市町村全体の介護看護スタッフの労働環境、働きやすさを改善する取り組みが必要です。

繰り返し述べているように、介護サービス事業は、社会保険を土台とする営利事業という、他に類例のない特殊な事業です。個別事業の経営責任は事業者にありますが、社会インフラとしてその地域全体の高齢者施策、介護システム構築の責任は自治体にあるのです。それは介護サービスの量的な整備計画だけでなく、地域全体の介護の質の向上、介護スタッフの働きやすさまで含みます。

現在は、インターネット技術やクラウドサービスを使って、低価格で市町村独自の高機能の情報共有のネットワークを構築することは十分に可能です。ここまで述べてきた、すべての地域包括ケアシステム推進対策の土台となるのが、事業者間の包括ネットワークなのです。

3 地域包括ケアシステムは、総合力が成否を決める

行政主導で行う地域包括ケアシステムは、「今年の介護サービス整備計画をどう進めるか」「介護保険施設か高齢者住宅か」「介護と医療の連携をどのように進めるのか」といった行政・事業者目線での対策になりがちです。しかし、現行の制度、手厚い介護医療体制をそのまま維持することは不可能ですし、需要の増加に比例して介護サービスを増やすこともできません。

だからこそ、いま一度、「この地域の高齢者・家族はどのような不安や課題を抱えているのか」「行政は何ができるのか」という基本に立ち返って、施策を推進する必要があります。

①「自助」できるための環境整備と体制構築

「変な電話がかかってきた時にはすぐに相談してください」

「重たいお米や飲み物などのお買い物、いい方法ありますよ」

「認知症は、早期検診、早期発見すれば怖くない」

「いざという時はまずはミドルステイで、じっくりと介護生活環境を見直すことができます」

「できるだけ自宅で生活し続けるために注意すべきこと、使えるもの」

「介護離職をしないために、家族が知っておくべきこと、準備すべきこと」

自助、共助、公助という言葉がありますが、「自助＝自己責任論の強化」というイメージが強くなると、高齢者や家族の不安が増大し、共助が機能しなくなり、その結果として公助の負担ばかりが重くなります。

「できることは自分でやる」というのは、一人でできる環境を整備すること、「困ったことは助け合い」は、気持ちよく無理なく助け合いが続けられる体制を構築することです。

要介護になっても、できることは自分でやりたい、できるだけ長く自宅で住み続けたいと、ほとんどの高齢者は思っていますし、「助け合い」のポテンシャルは、日本の地域社会に残っています。不安なことは誰に、どこに相談すればよいか、急に息苦しくなった時にはどうすればよいか、認知症や寝たきりになって一人暮らしができなくなった時にはどんな選択肢があるのか……それらが事前にわかっていれば、少しくらい不便でも、これまでの自分のリズムで自由に生活できるのです。

②「地域包括ケアシステム」は高齢者対策だけではない

「地域包括ケアシステム」と両輪をなすのが、経済支援、子育て支援です。それぞれの市町村で若い世代が増えなければ、先細りとなり衰退するしかありません。高齢者施策、介護対策が充実すればよいという単純な話ではなく、それが、域内の経済成長や子育て対策に波及しないよう、その相反するバランスを見据えながら進めていかなければなりません。

その両輪をリンクさせるシャフトも必要です。

都市部でも空き家が増えています。野村総研の調べによると、二〇三三年には空き家数は二一五〇万戸、空き家率は三〇％になると予測されています。独居高齢者が老人ホームに入所した後、誰も住まないまま放置されると、朽ちて治安が悪化、周辺住民の生活にも悪影響を及ぼすことになります。

これを自治体や専門のＮＰＯが仲介し、片付けの支援や低価格で若い世代に貸し出すなどのサポートができれば、人口も増加します。高齢者はその分だけ収入が増えますから、より多くの自己負担を支払ってもらうことができ、社会保障費の削減にも役立ちます。

これは農村部でも同じです。都会の喧騒を離れて、生活環境の整った田舎で農業をしたいという若者、家族は増えています。住まいだけでなく農耕地を一緒に貸し出すことができれば、休耕地、耕作放置地の減少につながります。一部地域で「地域おこし協力隊」のトラブルが起きていますが、「田舎暮らしをしたい」「新しい風を入れる」というだけでなく、その地域の優良な資産を活用・継承してくれる人の転入を支援するというステップが必要ではないかと思います。

③地域包括ケアシステムのキーマンになるのは都道府県

ここまで、「地域包括ケアシステムは市町村の責任」と述べてきましたが、介護保険施設や住宅系サービスなど広域のサービスは、人口数万人程度の市町村だけでは単一のシステムを整備することはできません。在宅・施設サービスの指定権者は都道府県知事ですから、市町村間の調整も必要となります。特に、指導監査の土台となる「介護サービス・高齢者施設・住宅運営指導指針」や指導監査体制の整備、包括的事業者間ネットワークの構築においては、都道府県がその中心的な役割を果たすことになります。

東北や四国など地方の県では、これから基礎自治体が次々と消滅し、都道府県の中に齧られたチーズのように穴が開いていきます。都市部でも、中核都市や政令指定都市が破綻すれば、市町村だけでなく、都道府県でさえもその維持が難しくなっていきます。

地域包括ケアシステムは、文字通り、市町村だけでなく都道府県も含めた自治体の包括的総力戦なのです。

4　医療介護のコンパクトシティ構想を

ここまで、地域包括ケアシステムの中で検討すべき実務について述べてきました。

これらは二〇四〇年までに、すべての自治体で、早急に行わなければならない最低限の対策です。広範囲にわたる大変な作業だということがわかるでしょう。これはできる限り努力をするとか、できることから始めるという話ではなく、万難を排して是が非でもやり遂げなければならないことなのです。

地域包括ケアシステムは、単なる高齢者対策ではありません。

医療介護費用の抑制ができない市町村、都道府県は財政再生団体に転落、「最高額の住民税、保険料、最低の行政サービス」に若い世代の人口から流出し、残るのは行き場のない高齢者ばかり、そのまま先細りとなって消滅することになります。

一方で、「お金がないから」と介護サービスを一律に抑制すれば、介護離職者が激増、経済・社会システムが破綻し、同じ末路を辿ることになります。「国が何とかしてくれる」という昭和、平成の幻想は捨てなければなりません。それどころか、地域包括ケアシステムの取り組みができている自治体と、そうでない都道府県・市町村に対しては、交付税交付金の増減などのインセンティブが行われることになるでしょう。「やる気のない自治体は、さっさと潰れてよし、消えてよし」なのです。

それがスタートするのが二〇二五年です。二〇三〇年くらいから自治体が潰れはじめ、二〇四〇年には中核都市や政令指定都市でも財政再生団体に転落するところがでてくるでしょう。その自治体破綻も含めて、地域包括ケアシステムは医療介護費用、社会保障費削減の方策なのです。

自治体によっても事情が違うため、詳細な分析、計算をしたわけではありませんが、第3章で述べた制度矛盾の解消や、グレーゾーン・不適切運用の見直し、第4章で述べた効率的・効果的な地域包括ケアシステムの推進に取り組めば、介護費用はいまの二〜三割程度は削減可能なのではないかと思います。合わせて、後期高齢者の医療費も大幅に削減することができれば、二〇四〇年までは何とか持ちこたえられるかもしれません。

しかし、これだけの強制的な削減策を行っても、その先、二〇六〇年まで高齢者施策が安定するか、介護財源、介護人材が枯渇しないかといえば、残念ながらそれは難しいでしょう。支える側の人口減少が加速度的に進むからです。

この地域包括ケアシステムとは別次元の方策として、もう一つ、これから検討していかなければならないのが、介護のコンパクトシティ構想です。

これまで日本は、人口が増加する中で居住コストの安い郊外に人々が移り、市街地が拡散する「スプロール現象」が進み、これによってインフラの整備費用、行政コストが拡大してきました。これからの人口減少社会に備えるために、これを再構築し、効率的・効果的な街を整備しようというのが「コンパクトシティ構想」です。

介護のコンパクトシティ構想は、コンパクトという言葉は同じでも、地域包括ケアシステムの理想として提唱された「住み慣れた地域で中学校区単位のコンパクトな介護システムを構築する」というのとは正反対の考え方です。

①エリア単位での介護サービス利用の限定

市街地から離れた数件程度の家しかない集落に電気や水道、道路などの公共インフラを整備し続けるというのは非現実的です。

これは介護サービスも同じです。離れたA地区、B地区、C地区と分散して、それぞれ個別の家を訪問する場合、移動に時間がかかり、一日に数人しか介護できません。もちろんそれでは、事業として採算が取れません。

限られた介護資源を効率的に運用するには、A地区の訪問看護は月曜日、B地区の訪問入浴は火曜日など、地区別にサービス利用を限定するしかありません。通所介護は、曜日ごとにそれぞれの地域の集会所を臨時のデイサービスに指定し、入浴と簡単なレクレーションに来てもらうといった方式も検討することになるでしょう。

②エリア単位での介護サービスの停止

これからは全国どこに住んでいても、自由に複数の種類の介護サービスを、いつでも受けられるというシステムは維持できません。特に、最寄りの介護サービス事業所から車で一時間離れた集落に暮らす重度要介護高齢者に、一日に何度も訪問して介護するということは現実的ではありません。

そのため、「デイサービスしか利用できない」「訪問看護対象外のエリア」など介護サービスが提供できない地域・エリアを指定すると同時に、包括的な介護が必要となる重度要介護高齢者は、介護機能の整った地域や高齢者住宅に移り住んでもらう必要がでてきます。

この介護のコンパクトシティ構想は、濃淡を決めて戦略的に地域包括ケアシステムを縮小させていくというものです。介護サービスは要介護高齢者と介護サービス事業者との民民契約によって提供されるものですから、民間企業は「採算が取れない地域からは撤退」となりますし、「非営利だから」と社会福祉法人にその負担をすべて負わせるにも限界があります。

これは「保険あって医療なし」と言われた無医村の問題によく似ています。ただ、医療は「月に一度診察してもらう」「頭が痛くなったときに不安」と定期的、もしくは臨時に必要となるものですし、これからは「オンライン診療」も可能となっていきます。しかし、介護は二四時間三六五日、継続的に必要となるものですし、ＩＴやロボットがいかに進化しても、オンライン排泄介護はできません。

その一方で、「高額の介護保険を支払っているのに、介護サービスを利用できない」というのはあまりに理不尽です。そのため、行政が主導して、計画的に介護サービスの限定、制限を広げ、少しずつ介護サービスが受けられるエリアを狭めていき、要介護高齢者を集めて、そこに介護資源を集中させていくということになります。この取り組みは山間部の集落等を対象としたものだけでなく、都市部でも行われることになるでしょう。

重度要介護や認知症が重くなると、介護サービスがなければ生活することも、生命を維持することもできません。サービス利用の自由、利便性を一定制限しても、本人の希望が十分にかなえられなくても、限られた介護資源の中で、最低限の生活・生命が維持できるようなシステムを構築しなければならないのです。

5　最も変わらなければならないのは市民の意識

これから二〇四〇年までの間に、地域包括ケアシステムによって自治体は二極化します。その構築に失敗するとどうなるのか。

まず、低所得低資産の高齢者は、「住民税や医療介護保険料の支払いが重くて、医療や介護が受けられない」という本末転倒の状態になります。独居高齢者、高齢夫婦世帯の孤独死、介護自殺、介護心中、介護殺人が激増し、「倒産した無届施設内に放置された複数の高齢者が栄養失調で亡くなっているのが見つかった」といった事件も起きるでしょう。

同時に介護離職者が激増、地域経済は低迷し、税収減・保険料収入減、生活保護世帯増加というダブルパンチ、トリプルパンチとなります。経済的に介護離職できない家庭は、「重度要介護の祖父母と通学・進学できない小学生・中学生」のヤングケアラー世帯となって、負の連鎖は続いていきます。

治安も悪化します。街中には、排泄を失敗して汚れた下着姿のまま、うろうろと徘徊する認知症高齢者が目につくようになり、ゴミ屋敷や失火によるマンション火災、暴走する自動車死亡事故も増加の一途をたどり、周辺住民の生活を脅かすことになります。「後期高齢者、要介護高齢者への優遇施策で、若者が被害をうけている」と政治への不満、世代間の分断はさらに強まり、一人暮らしの要介護高齢者、認知症高齢者をターゲットにした詐欺や強盗などの事件も頻発するでしょう。

これらは悲観的なSF小説の未来予想図ではありません。早ければ五年先、一〇年以内に多くの自治体で実際に起きることです。

これまで高齢化と言えば、東北や四国、山陰地方の県、市町村がクローズアップされてきましたが、これからそのダメージを最も大きく受けるのは東京・大阪などの大都市部とその近郊です。二〇四〇年以降になると、後後期高齢者を多く抱える一部の市町村は不良債務のような扱いとなり、周辺の自治体とも合併できませんから、「限界集落、廃村」は「限界市町村、廃市」と言葉を変えることになります。

ただ、これは「市町村も勝ち組・負け組に分かれる」という単純な話ではありません。

知恵と努力で地域包括ケアシステムを推進しても、財政再生団体に転落した隣の市から逃げ出してきた要介護高齢者が集中すれば、キャパオーバーとなり機能不全に陥ります。いまは「住所地特例」といって、要介護高齢者が他の自治体の介護保険施設や高齢者住宅に移り住む場合、前に住んでいた住所地の自治体（保険者）がその介護費用の負担をすることになっていますが、その自治体が破綻すればどこまで担保されるかわかりません。その負の連鎖は、あっという間に都道府県へ、そして国全体へと広がっていくのです。

しかし、いまも多くの政治家、マスコミ、論壇は、「経済が成長すれば……」「少子化対策を充実すれば……」「外国人だ、ロボットだ」「まだまだ借金しても大丈夫」と、都合の良いタラレバ理論やデータを寄せ集め、「医療介護の充実」「減税・保険料値下げ」という幻想を抱いています。

一方、「全国共通ケアシステム」の維持が困難になったいま、国は「厚労省が」「いや国交省が」「都道府県に指示をした」と責任の押し付け合いに終始しています。その結果生み出されたのが、「中学校区単位のコンパクトな介護システム」という虚偽のイメージで描かれた、高齢者施策の地方分権という「地域包括ケアシステム」なのです。

それを担う都道府県や市町村にも危機意識、責任感はありません。

自治体の首長の中には、いまだ特養ホームの整備を続けるという公約を掲げている人がいます。そんな「福祉のまちづくり」という自治体ほど、長期ビジョンもなければ地域包括ケアシステムも進んでいません。事ここに至ってもそんな夢物語を口にできるのは、目先の選挙だけで、その地域・自治体の未来や、子供や孫世代の将来がどうなるのか興味がないからです。

いま、最も変えなければならないのは、私たち市民の意識です。「社会保障は国の責任だ、地域包括ケアシステムは自治体の責任だ」「国や自治体は何をやっているんだ」と叫んでみても、その負担はすべて、私たちの生活、生命に直結し、子供の未来に重くのしかかってくるのです。

後後期高齢者人口が六〇〇万人から一〇〇〇万人へと激増し、それを支える人口は八割、六割に減っていくことを考えると、介護対策にかけることのできる人的・財的資源は限られています。高齢者の医療費は大幅に抑えていかなければなりません。

そのためには、徹底的に無駄や不正を排除した上で、いまのスウェーデンと同じように、どこかで回復の見込みの薄い延命やリハビリ、長期入院など後期高齢者の医療行為を、強制的に制限しなければならないでしょう。憲法改正を巻き込む大論争になるでしょうが、良し悪しは別にして、どこかで、劇薬のような対策が必ず必要になるということも覚悟しなければならないのです。

「日本は既得権益の塊だ」と憤る人がいますが、それは一部の政治家や企業だけではありません。「社会保障は国民の権利」という言葉がありますが、その権利を受けるには、相応の負担義務を果たさなければなりません。しかし、これまでずっと、「低負担高福祉」とよばれる不相応の既得権益を、子供世代、孫世代のツケにして享受してきたということを、国民全員が自覚すべき時に来ているのです。

この問題は、積極財政派か財政規律派というレベルの話ではありませんし、小手先の財政論や金融論で解決できるものでもありません。残された時間もほとんどありません。「保険料や税金は上げるな」「医療や介護・福祉は充実させろ」というモンスター級の権利意識を見直すことができなければ、もう日本社会は十数年後の未来さえも見通せないのです。

おわりに

京都の中腹にある山間部の市で、高齢化・過疎化が進む集落の診療所の常勤医師が退職するというニュースが流れました。かやぶきの里として知られる、日本の原風景を残す風光明媚な素晴らしい場所です。その市は四町が合併してできたもので、過疎化が進む集落といっても、旧町の一つでいまも三八〇〇人が暮らしています。

数年前に、経営悪化を理由に医療法人が撤退。診療所は市の直営となり、六〇代後半の常勤医師が一人で一般診療から訪問診療まで行い地域医療を支えていましたが、今回、市の示した有床診療所のベッド（四床）を廃止するという方針に反発し、退職されるというものです。

自分の進退をかけてまでこの町の医療、患者を守ろうとした医師の熱意、憤り、虚しさはよくわかります。「医療がなければ生きていけない」という訪問診療を受けている高齢者や家族の声を拾い上げ、ベッドの廃止を決めた市の対応を批判的に報道しているものもあります。

ただこれは、簡単に解決できる話ではありません。

この市は全体でも人口は三・二万人、その広さは東京二三区と同じくらいの面積があり、丹波高地に中規模、小規模の集落が点在しています。報道によると、市は、現在その診療所の運営に年間五〇〇〇万円を補填していると言います。それは現行の診療報酬だけでは診療所を運営・維持できないということです。他の歳出カットや議員定数を減らせなど様々な声がでているようですが、それを行っても市税収入が四〇億円規模の市で、その補填がこれからも持続できるかと言えば不可能です。

今後、市は新しい常勤医師を探すとしていますが、へき地医療は救急医療を含め、外科内科問わず専門ではない様々な病気や怪我を診なければならないことや、勤務時間も不規則で過重労働になりやすく、加えて給与も低いため、熱意のある医師を確保することは容易ではありません。また仮に見つかったとしても、それは一時しのぎにすぎず、抜本的な解決につながるわけではありません。

医療システムを維持するには、高齢者ではなく若年層の人口を増やしていかなければなりません。

しかし、医師がいなくなれば、それも困難です。「子育て支援」と言えば、保育園や学童クラブの整備などが思い浮かびますが、医療システムも子育て環境の重要な要素の一つです。小さな子供はよく熱を出したり痙攣を起こしたりします。頭を打ったり、転倒して骨を折ったりもします。常勤医師がいなくなれば、町外の診療所に通うには車で四五分〜一時間かかります。学校での頭部の強打、熱中症などで救急車を呼んで、総合病院に運んでもらうには往復一時間半です。そうなると、そこで子供を産んで育てることに不安をもつ若い人たちは町を離れていくでしょう。医療の灯が消えるということは、町の灯が消えるということなのです。

これはこの町だけの話ではありません。これまで限界集落、廃村集落といえば、その多くは地方都市のはずれにある数十件、百人規模の集落でしたが、二〇年後、三〇年後にはかつて村議会や町議会、市議会があった一つの基礎自治体そのものが、消滅危機に直面することになります。


後後期高齢者一〇〇〇万人時代は、二〇八〇年まで続くと本書で述べました。

ただ、いまから五〇年先までを見通すことは難しいので、地域包括ケアシステムの構築は、まず二〇四〇年を目指して整備を進めることが必要であり、二〇四〇年になれば二〇六〇年のシステムを目指すということになります。

では、この後後期高齢者と二〇～六四歳までの人口のアンバランスはいつまで続くのか。人口構成が、高度経済成長期のようなピラミッド型に戻るのはいつなのか。

答えを言えば、もう昔の状態に戻ることはありません。

表のように、六五歳以上の高齢者人口は、二〇四〇～二〇五〇年の三八〇〇～三九〇〇万人がピーク、八五歳以上の後後期高齢者人口は二〇六〇～二〇七〇年の一一〇〇万人がピークです。その後は高齢者、後後期高齢者の数とともに減っていきますが、同時に支える側の二〇～六

	総人口	20～64歳人口(A)	高齢者人口(B)	後後期高齢者人口(C)	高齢者人口比(A/B)	後後期高齢者人口比(A/C)
2010年	126,371	75,641	29,484	3,825	2.6	19.8
2020年	126,146	69,382	36,027	6,133	1.9	11.3
2030年	120,116	65,555	36,962	8,121	1.8	8.0
2040年	112,837	58,079	39,285	10,060	1.5	5.8
2050年	104,686	51,470	38,878	9,612	1.3	5.4
2060年	96,148	47,216	36,437	11,704	1.3	4.0
2070年	86,996	42,336	33,671	11,174	1.3	3.8
2080年	68,357	30,915	28,416	9,069	1.1	3.4
2090年	60,341	27,458	24,095	8,353	1.1	3.3
2100年	53,065	24,372	21,761	7,648	1.1	3.2
2110年	46,652	21,300	19,150	6,323	1.1	3.4
2120年	43,824	19,972	17,993	5,817	1.1	3.4

（千人）

国立社会保障・人口問題研究所　将来人口推計（長期参考推計）より作成

表　2020～2120年までの人口動態

四歳までの人口も減っていくからです。

社会を維持するには、予算を子供に回すこと、子育てしやすい社会を作ることが必要不可欠です。高齢者にかかっている社会保障費の一％でもその予算を回すことができれば、悲惨な児童虐待や学校のイジメで死ぬ子供を大きく減らせるでしょうし、ほぼ手つかずの状態にある小児がんや小児難病を抱える家族の支援もできます。五％になれば、全国で子供の医療費無償化、教育無償化、さらにはすべての子供に最先端の教育を受けさせることも可能です。

ただ、最大限の少子化対策をしても、未婚率や合計特殊出生率は、現状を維持するのが限界ではないかと思います。それは「雇用が不安定だから」「子育て環境が整備されていないから」というだけでなく、恋愛や結婚は面倒だ、それよりも一人でいる方が気楽、自分のために時間を使いたいと考える人が増えているからです。また、母親世代の数そのものが減少しているのですから、生まれる子供の数も六〇万人、五〇万人、四〇万人と減っていくことになります。

二〇六〇年、二〇七〇年の人から見ると、二〇〇七年を超高齢社会、二〇一八年は超々高齢社会と名付けて騒いでいたのは、滑稽な笑い話でしかありません。これから日本が迎える「人生一〇〇年時代」というのは、六五歳以上の高齢者人口と二〇～六四歳人口の比率がほぼ同じ、八五歳以上の後後期高齢者人口比は三・二～三・四というのが固定化する社会なのです。

これは避けることのできない未来です。少なくとも、いまの人が生きている二一世紀中はそうなのです。

ＳＤＧｓ（持続可能な開発目標）という言葉がありますが、これから日本は社会保障制度だけでなく、市町村や都道府県のかたち、行政機構、社会システムなど、不透明な利権や癒着、不合理で非効率なものをすべて排し、この「後後期高齢社会」に合わせて持続可能なものへと根本から作り変えていかなければならないのです。

それは、「痛みを伴う改革」「身を切る改革」といった軽いものではありません。

この地域包括ケアシステムは、そのスタートでしかないのです。

濱田孝一（はまだ・こういち）
1967年生まれ。経営コンサルタント。1990年立命館大学経済学部卒業。旧第一勧業銀行入行。その後、介護職員、社会福祉法人マネジャーを経て、2002年にコンサルティング会社を設立。現在は「高住経ネット」の主幹として、高齢者住宅、介護ビジネス、介護人材育成などのコンサルティング・講演・執筆を行っている。社会福祉士、介護支援専門員、宅地建物取引士、ファイナンシャルプランナー。
ホームページ　http://koujuu.net/
E-mail　hamada@koujuu.net

「地域包括ケア」の落とし穴——介護の大転換が自治体を破綻に追い込む

2023年12月20日　初版第1刷発行

著者 ——濱田孝一
発行者 —平田　勝
発行 ——花伝社
発売 ——共栄書房
〒101-0065　東京都千代田区西神田2-5-11出版輸送ビル2F
電話　03-3263-3813
FAX　03-3239-8272
E-mail　info@kadensha.net
URL　https://www.kadensha.net
振替 ——00140-6-59661
装幀 ——黒瀬章夫（ナカグログラフ）
印刷・製本—中央精版印刷株式会社

ISBN978-4-7634-2095-4 C0036